11.⁰⁰

JEAN-PAUL CARACALLA

Les Champs-Élysées

Flammarion

L'éditeur remercie chaleureusement toutes les personnes et les sociétés
qui nous ont prêté des photos pour la réalisation de cet ouvrage :

Dominique Rodet, Comité des Champs-Élysées ; Dominique Clemenceau,
Marie Wurry, Marie-Laure Fourt et Margarita Zimmerman, Louis Vuitton ;
Françoise Morin, Archipress ; Catherine Aygalinc ; Luc Fournol ;
Françoise Benoist, Citroën ; Sylviane Garcia, Virgin Megastore ;
Martine d'Astier, Association des Amis de Jacques-Henri Lartigue ;
Marie-Christine Biebuick, Magnum Photos ; Dominique Brunet,
Studio Canal Image ; Merete Soussan, Ambassade royal de Danemark ;
Claire Santis, Agence Jean-Michel Wilmotte ; Hélène Bocquet,
Renault Communication.

COUVERTURE

La terrasse de l'appartement de Charles de Beistegui,
réalisé par Le Corbusier en 1936.

PAGE 1

Image du passé : sur son refuge, l'agent règle la circulation
de son bâton blanc. La bruine tombe entre chien et loup ;
elle nimbe de halos les réverbères des Champs-Élysées.

PAGES 2-3

Les Champs-Élysées vers 1900. Cabriolets, calèches, coupés, breaks,
derbys, landaus, et l'omnibus hippomobile à impériale, toute la gamme
des attelages monte et descend les Champs-Élysées de la Belle Époque.

PAGES 4-5

Féerie de lumière au Rond-Point des Champs-Élysées, 1960.

CI-CONTRE

Promeneurs, place de la Concorde.

DOUBLE PAGE SUIVANTE

Paire d'étalons cabrés, les Chevaux de Marly, *groupe équestre du sculpteur*
Guillaume Coustou, proviennent de l'abreuvoir du château de Marly
abandonné. Le peintre Louis David, directeur des Beaux-Arts en 1792,
les installe à l'orée des Champs-Élysées, dans la crainte de les voir
vandalisés par des sans-culottes. Celui-ci est une allégorie de l'Europe ;
l'autre, lui faisant face, est une allégorie de l'Amérique.

© Flammarion
26, rue Racine 75006 Paris
Dépôt légal : juillet 2002
Code : FA0791-VII
ISBN : 2-08-010791-7

À *Éliane, mon amie d'enfance, qui aimait tant Paris*
Im memoriam

Paris était beau, langoureux et lassé,

et la traînée de lumière des chevaux de Marly, à l'Étoile,

avait un caractère équivoque d'appel à la chair.

Louis Aragon

... La forme d'une ville change plus vite, hélas, que le cœur d'un mortel.

CHARLES BAUDELAIRE

PLUS QU'HIER, LES RUES DE PARIS ÉVOLUENT VITE. AUX CHAMPS-ÉLYSÉES, PLUS QU'AILLEURS,

LA MOBILITÉ DES ESPACES ET DES CHOSES EST PERMANENTE, LES MUTATIONS CONSTANTES.

CE QUI EXISTE AUJOURD'HUI AURA PEUT-ÊTRE DISPARU DEMAIN.

ON VOUDRA DONC BIEN PARDONNER AUX RESPONSABLES DE CET OUVRAGE,

LES MODIFICATIONS ET LES CHANGEMENTS INTERVENUS SUR L'AVENUE DES CHAMPS-ÉLYSÉES

ENTRE LE MOMENT DE SON ÉDITION ET CELUI DE SA MISE EN VENTE.

DOUBLE PAGE PRÉCÉDENTE
Chaises en fer forgé aux jardins des Champs-Élysées.

CI-CONTRE ET CI-DESSUS
*L'obélisque de la Concorde, frère de celui qui marque l'entrée du temple d'Amon à Louxor,
domine de ses vingt-quatre mètres l'axe Madeleine-Palais-Bourbon, et les perspectives des Tuileries
et des Champs-Élysées. Il s'inscrit entre les Chevaux de Marly, cabrés aux seuils des jardins
qui bordent l'avenue.*

EN SUIVANT LE COURS DES CHAMPS. Longtemps défigurée par l'installation d'une grande roue, sœur de celle du Prater de Vienne, la place de la Concorde, fermée au nord par deux grands hôtels, inspirés de la colonnade du Louvre prodige de symétrie de l'architecte Gabriel, s'ouvre sur les Champs-Élysées. Les *Chevaux de Marly*, les deux groupes équestres, chef-d'œuvre de Guillaume Coustou [1], paire d'étalons cabrés que tiennent par la bride deux palefreniers, évoquant l'Europe et l'Amérique, sont dételés de l'abreuvoir du château de Marly-le-Roi laissé à l'abandon. En 1792, ils sont transférés à Paris sur ordre du peintre David, alors directeur des Beaux-Arts. On redoutait que des sans-culottes – dans leur ardeur républicaine – n'équarrissent ces « marbres hennissants [2] » de l'Ancien Régime. On les installe à l'entrée, toute virtuelle, des Champs-Élysées, encore simple promenade, avant son aménagement dont les travaux ne seront engagés que sous le second Empire.

L'obélisque du temple de Louqsor, masse de deux cent vingt mille kilos, offert à la France par Muhammad Ali [3], vice-roi d'Égypte, se dresse au centre de la place de la Concorde, donnant la solution à un problème délicat : que mettre au centre de ce vaste espace capable de résister aux fluctuations des régimes politiques ? Son érection, par l'ingénieur de la Marine, Jean-Baptiste Lebas [4], le 25 octobre 1836, ménageait, à merveille, les incertitudes de l'avenir. Deux fontaines « en robe d'organdi [5] » – chefs-d'œuvre d'Hittorff – l'une consacrée aux fleuves, l'autre aux mers – encadrent l'obélisque, tandis que les statues des pavillons d'angle, autour de la place, symbolisent des villes de France : Strasbourg et Lille (par Pradier), Nantes et Bordeaux (par Callouet), Lyon et Marseille (par Petitot), Brest et Rouen (par Cortot).

CI-CONTRE

Avant la Révolution, les théâtres de marionnettes obtenaient un succès considérable.
Après la guerre franco-prussienne de 1870, cinq marionnettistes installèrent
leur castellet dans les jardins des Champs-Élysées, se faisant une concurrence
acharnée. Le désintérêt du public ruina peu à peu les marionnettistes. Aujourd'hui,
seul Le Vrai Guignolet, *survit dans les jardins des Champs-Élysées.*

LES JARDINS DES MENUS PLAISIRS. Jacques Hittorff [6] est chargé de la rénovation des jardins lors de l'ouverture des grands chantiers du préfet Haussmann, et Jean-Charles Alphand [7] de celui du carré Marigny, sorte de jardin anglais où foisonnent les espèces d'essences les plus rares.

À la fin du XIXᵉ siècle, dans ce « vert paradis des amours enfantines », le jeune narrateur de *À la recherche du temps perdu* jouait au jeu de barres avec Marie de Benardaky, jeune fille délurée, insoucieuse des émois romanesques et fiévreux de son jeune ami. Elle deviendra la Gilberte Swann du roman de Marcel Proust.

Près du vieux manège de chevaux de bois, des cavaliers novices tentaient d'enfiler au passage sur leurs bâtons les anneaux suspendus au-dessus de leurs têtes. Ailleurs, des voiturettes attelées de chèvres résignées faisaient accomplir à des bambins leurs premières randonnées en carrioles. Des gamins, déjouant la surveillance de leurs mères, harcelaient de pauvres ânes stoïques, avant de les monter en promenade. Dès les premières gouttes annonçant l'averse, les nurses aux joues roses sous leur voile bleu poussaient en courant des landaus rutilants comme des Rolls vers les grands préaux pour y bercer, à l'abri, des poupons de millionnaires.

Près des kiosques de marchands de sucres d'orge, de réglisse, de pains d'épice et de gaufres, « le petit pavillon treillissé de vert, assez semblable aux bureaux d'octroi désaffectés du vieux Paris et dans lequel était, depuis peu, installé ce qu'on appelle en Angleterre un lavabo, et en France, par une anglomanie mal informée, des water-closets » était tenu par « une vieille dame à joues plâtrées et à perruque rousse [8] ». Tenancière de ce chalet de nécessité, elle n'en consentait l'accès – par une sorte de snobisme – qu'aux usagers répondant à certains critères de civilité, indispensables, pensait-elle, à la bonne réputation d'un service public.

Le Jardin de Paris, les Folies-Marigny, les Ambassadeurs, l'Alcazar d'été, le cirque des Champs-Élysées et celui d'été, ont été les hauts lieux de plaisir du second-Empire. Au bal Mabille, avenue Montaigne, près du Rond-Point, Céleste Mogador [9] y gagna un nom en lançant la polka, puis un titre en épousant le comte de Chabrillan. Autour de la souveraine du bal, les demoiselles Rose Pompon, Mignonnette et la reine Pomaré, les danseurs Bridini et Pritchard, électrisaient le public qui s'y pressait chaque soir. On tourbillonnait, sur le rythme à trois temps de *La Valse des roses* d'Olivier Métra, grisé par un éclairage féerique diffusé par trois mille becs de gaz. Les peintres et les écrivains, de Courbet à Nadar, de Balzac à Baudelaire, de Théophile Gautier à Eugène Sue, comme le Tout-Paris, raffolèrent de l'établissement, qui ne survécut pas à la guerre de 1870 ; douze ans plus tard, il était démoli.

Aux Jardins des Champs-Élysées, cancans, froufrous et flonflons se sont évanouis dans la fuite des jours. Cependant, les soirs d'été, on peut encore percevoir l'écho des dîners servis à la terrasse du restaurant Ledoyen, oasis champêtre, dans le voisinage agité de la Concorde.

Sur l'autre rive de l'avenue, Laurent, comme Ledoyen et le Pavillon de l'Élysée, construit par Jacques Hittorff était fréquenté par l'intelligentsia parisienne ; les peintres Bonnat, Gervex, Meissonier déjeunaient là les jours de vernissage du Salon. Dans les années 50/60, les soirées de gala organisées par Elsa Maxwell, la plus parisienne des journalistes américaines, sont restées célèbres dans les annales du Tout-Paris.

CI-CONTRE

Non loin de l'éventaire du marchand de sucres d'orge, de réglisse, de pain d'épice
et de gaufres, le chalet de nécessité dont la tenancière ne consentait l'accès,
par une sorte de snobisme, qu'aux usagers répondant à certains critères de civilité,
indispensables, pensait-elle, à la bonne réputation d'un service public.

CI-DESSUS

Devant le petit bazar à tente rayée caractéristique des jardins des Champs-Élysées,
ces fillettes, contemporaines de la jeune héroïne du roman de Marcel Proust,
ont acheté une corde à sauter. Engoncée dans son manteau et son chapeau d'hiver,
l'hésitation saisit la gamine désignée pour effectuer le premier saut,
sous le regard peu amène de ses petites camarades.

*Le Rond-Point des Champs-Élysées marque de ses jets d'eau la limite
entre les jardins et la montée vers l'Arc de triomphe.*

*Oasis champêtre dans le voisinage de la Concorde, Ledoyen est un restaurant
privilégié, entouré de pelouses fleuries. On y retrouve l'atmosphère
du XIXe siècle, l'époque où guinguettes et cafés-concerts animaient les jardins
des Champs-Élysées.*

*L'une des fontaines conçues et installées par Hittorff en 1839 dans les clairières
des jardins des Champs-Élysées. Inspirées de la statuaire de la Renaissance,
l'une d'elles, la Diane par Louis Desprez, orne le carré Ledoyen.*

CI-DESSOUS

Laurent, comme le Pavillon de l'Élysée, restaurants construits par Hittorff dans les jardins
des Champs-Élysées, ont été fréquentés par l'intelligentsia parisienne, et les peintres « pompiers »
au moment du vernissage des Salons. Bonnat, Gerveix, Meissonier y avaient leurs habitudes.
Dans les années 50/60, la journaliste américaine Elsa Maxwell y organisait
des dîners de galas demeurés célèbres.

CI-CONTRE

À la place du cirque des Champs-Élysées – où s'illustra au début du XIXᵉ siècle, François Baucher,
l'écuyer fameux–, le théâtre Marigny, célèbre au fronton de ses façades octogonales les noms
des artisans les plus renommés de l'opéra-bouffe et de l'opérette : Labiche, Hervé, Scribe, Audran,
Meilhac, Planquette et Halévy. En 1855, Jacques Offenbach ouvrait son premier théâtre des
Bouffes-Parisiens au carré Marigny. Démoli puis remplacé en 1881 par le Panorama Buzenval,
celui-ci disparut à son tour, laissant la place aux Folies-Marigny en 1896. Entièrement transformé,
il devient le théâtre Marigny en 1925. La compagnie Madeleine Renaud-Jean-Louis Barrault
y présenta ses spectacles de 1946 à 1956. Robert Hossein le dirige actuellement.

Au pavillon Gabriel, à l'Espace Cardin, on évoque l'Alcazar d'été et le Café des Ambassadeurs où débutèrent, tour à tour, Mistinguett puis Maurice Chevalier. Aujourd'hui, la gastronomie l'emporte sur la fête, la carte-menu sur le programme du café-concert, et les vins fins sur la limonade.

Paillard, restaurateur fameux, fonde, en 1900, le Pavillon de l'Élysée pour recevoir les visiteurs de l'Exposition universelle. Sa vaste salle à manger tourne le dos à la grille du Coq protégeant le palais de la présidence de la République, et donne sur l'un des trois secteurs du parc floral de la Ville où séquoias, paulownias, magnolias et arbres de Judée, dispensent leur ombre aux anémones japonaises, campanules, acanthes et autres delphiniums. Les exploitants successifs du Pavillon le débaptisent et le rebaptisent au gré des formules de restauration choisies.

Dans les jardins des Champs-Élysées, les théâtres disséminés parmi les marronniers s'épanouissent aussi au gré des saisons. Au théâtre des Ambassadeurs (aujourd'hui Espace Cardin), les mélodrames d'Henry Bernstein[10] faisaient courir, avant la guerre 39-45, un public avide d'intrigues scandaleuses. Au théâtre Marigny, dans les années 50, le couple Renaud-Barrault a monté pendant dix ans : Molière, Claudel, Tchekhov, Feydeau, Kafka et Camus. Le théâtre du Rond-Point, animé par Maurice Maréchal, après une période claudélienne, a donné des spectacles plus contemporains pour le public de l'ancien Palais de Glace. Longtemps première patinoire couverte de Paris ouverte en 1894, le Palais de Glace a connu un succès considérable. Colette, dans *L'Ingénue libertine*[11], « se surprend à suivre, d'une inclinaison du buste, l'élan qui courbe les patineurs comme des épis sous le vent... La lumière haute cache les visages sous l'ombre des chapeaux, un reflet de neige monte de la piste écorchée, poudrée de glace moulue. Les patins ronronnent et, sous leur effort, la glace crie comme une vitre qu'on coupe. »

*Le portail du Coq,
entrée monumentale
et discrète de l'Élysée,
à l'extrémité du parc
du palais présidentiel.
Son reflet dans une flaque
d'eau des jardins des
Champs-Élysées ajoute
un peu de mystère
et de féerie à cet accès
de l'avenue Gabriel.*

LES CHAMPS DE GLOIRE. La mythologie situait les Champs-Élysées, paradis antique de l'harmonie éternelle, au centre de la Terre. Paris leur assigne la plus majestueuse avenue de la capitale, entre la Concorde et l'Arc de triomphe que coiffe, aux beaux jours, l'auréole du soleil couchant.

Par un décret du 24 août 1667, Louis XIV décide l'ouverture d'un chemin pour faciliter le passage des voitures de ses courtisans se rendant du château des Tuileries à celui de Versailles. André Le Nôtre[12], maître jardinier du roi, trace une voie bordée d'ormes en quinconce à travers cet ancien terrain de chasse de Louis XIII, zone marécageuse et sauvage, où les paysans des hameaux de Chaillot et du Roule cultivaient leurs jardinets.

Abel François Poisson, marquis de Marigny[13] (frère de Mme de Pompadour, introduit à la Cour par sa sœur sous le nom de marquis de Vandières), on le surnommait à Versailles « marquis d'avant-hier ». Nommé surintendant des Bâtiments, le marquis transforme un siècle plus tard le passage en un mail, bordé de tilleuls de Hollande. Prolongée à l'ouest, à partir du Rond-Point, la voie monte vers la butte de Chaillot où sera aménagée la place de l'Étoile. Marigny achèvera la perspective jusqu'à la Seine, et la prolongera par le pont de Neuilly[14]. On l'appellera successivement avenue des Tuileries, Grand Cours, avenue de Neuilly, ou route de Saint-Germain.

Sous la Révolution française, la voie royale, conçue par Louis XIV pour faire oublier aux Parisiens sa préférence pour les perspectives de Versailles, n'est plus appelée que Champs-Élysées. L'avenue fait son entrée dans l'Histoire lorsque Napoléon Ier décide d'élever un arc de triomphe à la place de l'Étoile, pour magnifier la Grande Armée après sa victoire à Austerlitz, le 2 décembre 1805.

UN ARC TRIOMPHANT. La première pierre de l'Arc de triomphe est posée le 15 août 1806, jour anniversaire de la naissance de l'Empereur. Napoléon avait pensé l'édifier place de la Bastille, mais Percier[15] et Fontaine[16], les architectes-décorateurs de l'Empire, le persuadèrent de choisir la colline de Chaillot. L'arc de Constantin du Carrousel ne lui semblant pas correspondre à son appétit de puissance, il décrète :

« Après toutes les difficultés qu'il y a à placer l'Arc de triomphe sur la place de la Bastille, je consens qu'il soit érigé du côté de la grille de Chaillot, à l'Étoile, sauf à remplacer l'Arc de triomphe sur la place de la Concorde. » Pour recevoir les assises de cet ouvrage colossal, il faut entreprendre des travaux importants pour les fondations. Les tailleurs de pierre s'attaquent à la construction, mais le chantier traînasse, tant et si bien que, le 2 avril 1810, lendemain de son mariage avec Napoléon Ier, Marie-Louise, l'archiduchesse d'Autriche, devenue impératrice des Français, faisait son entrée dans Paris en passant sous un arc factice, hâtivement construit en bois recouvert de toile peinte.

L'Obélisque, point d'exclamation entre l'Arc de triomphe du Carrousel et celui de l'Étoile, le téléobjectif comprime la perspective aux dépens des Champs-Élysées.

L'Arc, majestueux, présente à l'avenue ses deux hauts-reliefs les plus célèbres :
Le départ des volontaires de 1792, *plus connu sous le titre de* La Marseillaise, *de François Rude, et* L'Apothéose de Napoléon, *de Jean-Pierre Cortot.*

[32]

Les Champs-Élysées

Alors que le monument ne s'élève que de cinq à six mètres au-dessus du sol, l'Empereur abdique, le 4 avril 1814, et les armées russe, prussienne et autrichienne occupent Paris. Le campement des vainqueurs de Napoléon dans les jardins des Champs-Élysées et leurs parades incessantes ont pour effet de stopper les travaux. On parle même de démolir ce qui est construit.

Après la chute de l'Empire, Louis XVIII ordonne la réouverture du chantier, puis, à son tour, Louis-Philippe [17], pressé par l'opinion publique, poursuit l'édification de l'Arc de triomphe. Napoléon, son inspirateur, n'aura pas eu la satisfaction de le voir trôner au centre de la place de l'Étoile, d'où rayonnent douze avenues triomphales. L'œuvre monumentale, consacrant la victoire de ses armées, avait été confiée à Jean Chalgrin [18].

Concepteur du projet, l'architecte disparaît en 1811, abonnant ses plans à Goust et Percier. À eux deux, ils mènent à terme l'édification du colosse inauguré le 29 juillet 1836, jour anniversaire des « Trois Glorieuses ». Quinze ans après la timide inauguration de l'Arc de triomphe par Louis-Philippe – on craignait un attentat contre le roi –, la place de l'Étoile n'est encore qu'un fatras de déblais. Son nivellement et la démolition, en 1854, des pavillons d'octroi de Ledoux[19], obstruant la perspective des Champs-Élysées vers l'Étoile, permettent à Haussmann d'ouvrir de larges avenues autour de la place, et aux architectes Hittorff et Rohaut de Fleury [20] de construire douze hôtels aux façades identiques et monumentales. Des portes cochères sur cour donnent sur une voie circulaire (rues de Tilsitt et de Presbourg), encerclant la place. Les entrées, protégées pour la plupart par des marquises, permettent aux visiteurs de se faire déposer à l'abri des intempéries. Ces hôtels sont dits « des maréchaux », sans que l'on connaisse l'origine de leur nom, ni la référence historique de leur appellation.

Afin de tempérer la dévotion manifeste donnée à l'Arc de triomphe pour l'épopée napoléonienne, on décide de le couronner d'un quadrige en plâtre de Falguière [21] représentant la République, assise dans un char, en compagnie de la Justice et de la Liberté. La sculpture fait long feu ; quatre ans plus tard, elle est déposée. Un œcuménisme civique demeure, malgré tout, place de l'Étoile ; les deux trophées, *L'Apothéose de 1810* de Jean-Pierre Cortot [22], et *La Marseillaise* de François Rude [23], célébrant le départ des volontaires de 1792, s'affrontent pacifiquement en face des Champs-Élysées.

Bravant les avatars de l'Histoire, l'Arc de triomphe a vu l'Empire, la Restauration, la monarchie et les Républiques veiller à son édification. À ce titre, il est emblématique d'une certaine permanence française.

L'avenue des Champs-Élysées que la monarchie ambitionnait royale, l'Empire triomphale, et les Républiques nationale, ne veut se souvenir que des heures glorieuses célébrées entre les places de l'Étoile et de la Concorde. Elle n'a plus souvenir des malheurs du passé, ni des affronts et humiliations de son histoire ; le passage de la famille royale en 1791, lors du lugubre retour de Varennes, escorté de tambours et de harpies braillardes, après l'échec d'une fuite improvisée ; les bivouacs des vainqueurs de Napoléon polluant ses jardins et leurs frondaisons en 1814 ; les défilés, au pas de l'oie, des fifres allemands aux jours sombres de 1940.

DÉFILÉS SOLENNELS ET CORTÈGES RADIEUX. Par un jour ensoleillé mais glacial, plus de cent mille Parisiens assistent au retour des cendres de Napoléon. Le 15 décembre 1840, à midi, le cercueil de l'Empereur mort en exil passe devant une foule emmitouflée. On le dirige vers l'hôtel des Invalides, où le canon, comme un glas, tire des salves de quart d'heure en quart d'heure. Attelé de seize chevaux, précédés de cinq cents marins de *La Belle Poule* [24], le catafalque, recouvert d'un crêpe violet semé d'abeilles, passe sous l'Arc de triomphe. Un cheval blanc, conduit par deux valets de pied en livrée verte, porte la selle de velours du général Bonaparte à Marengo [25]. Le détachement se dirige maintenant vers l'esplanade des Invalides en descendant lentement les Champs-Élysées. Devant la grille de l'hôtel, les marins portent le cercueil à l'intérieur de l'église du Dôme, où sera exposé, en 1861, le sarcophage de porphyre rouge dans la crypte conçue et décorée par Visconti [26].

Victor Hugo, narrateur fameux du retour des cendres de l'Empereur, devait, quarante-cinq ans plus tard, reposer, lui aussi, sous l'Arc de triomphe. À sa mort, le 31 mai 1885, le peuple de Paris est venu rendre hommage à l'auteur des *Misérables*.

Sous l'arche triomphale, témoin permanent de l'Histoire en marche, la flamme du souvenir veille au pied de la dalle portant ces mots : « Ici repose un soldat français mort pour la patrie 1914-1918. » Chaque soir, d'anciens combattants nostalgiques viennent incliner leurs drapeaux fatigués sur le tombeau du fantassin anonyme, tombé dans « l'enfer de Verdun ».

Le clairon sonne « aux champs » mais l'hommage ne trouble guère le carrousel des voitures tournant, sans fin, autour de l'Arc.

Depuis le mois de janvier 1920, date de l'inhumation du soldat inconnu, sous l'Arc de triomphe, plus de cent chefs d'État, en visite à Paris, sont venus déposer une gerbe de fleurs et s'incliner sur son tombeau.

À l'issue de la manifestation en l'honneur de Rouget de Lisle [27], le 14 juillet 1915, devant l'illustre haut-relief de Rude ornant l'Arc de triomphe, l'armée française descend, pour la première fois, les Champs-Élysées pour accompagner les cendres de l'auteur de *La Marseillaise* aux Invalides.

La tradition du défilé annuel célébrant la fête nationale date exactement de celui de la fête de la Victoire du 14 juillet 1919. Ce jour-là, dans une allégresse extrême, les maréchaux Joffre, Foch et Pétain prenaient la tête du cortège ouvert par un millier de mutilés de la Grande Guerre. Pendant près de six heures, la foule a acclamé les régiments des différentes armées qui se sont illustrés sur tous les fronts pendant les quatre années d'une guerre impitoyable.

DOUBLE PAGE PRÉCÉDENTE

La place de l'Étoile vue de l'Arc de triomphe en 1959. Du haut de l'Arc de triomphe, rien ne semble pouvoir stopper la perspective des Champs-Élysées. Elle s'élance pour s'achever dans la cour Carrée du palais du Louvre.

CI-CONTRE

Imité des arcs romains de Septime Sévère et de Constantin, l'Arc de triomphe du Carrousel fut achevé en deux ans par Percier et Fontaine, les architectes-décorateurs de l'Empire.

Les aviateurs, – à l'exception du capitaine René Fonk [28] –, n'ayant pas été conviés à y participer, l'un d'eux, Charles Godefroy, héros des ailes françaises, décide de laver cet affront. Il fait le pari de passer sous l'Arc de triomphe, à bord de son biplan *Newport*. Le matin du 7 août 1919, il réussit à traverser l'arche, qui ne fait que vingt-neuf mètres de hauteur sur quarante de largeur. Godefroy a tout perdu pour l'honneur : après son exploit, sa licence de vol lui est retirée à vie.

Un autre aviateur, Albert Malret, le 10 août 1986, avait posé son monomoteur *Rallye* sur l'avenue déserte. Cela pour la bonne cause, puisqu'il s'agissait de tourner la séquence d'un film pour promouvoir la candidature de Paris aux Jeux olympiques. Ce n'était pas son coup d'essai ; en 1981, il avait, lui aussi, fait passer son appareil sous l'Arc de triomphe. Exploit qui n'avait pas été apprécié par la Ville de Paris, ni par l'Aviation civile.

Fief des mouvements insurrectionnels ou de liesse populaire, l'avenue est toujours le lieu choisi pour manifester dissensions ou fraternité. La marche de trente mille manifestants sur le Palais-Bourbon, le 6 février 1934, démarre du Rond-Point. C'est autour de l'obélisque, « place de la discorde », que les insurgés et les forces de l'ordre s'affrontent, pour dégager le pont de la Concorde. Les gardes mobiles tirent. On relève dix morts et des dizaines de blessés. Cédant à la pression de la rue, le gouvernement démissionne.

Au mois de juin 1936, l'avènement du Front populaire n'est qu'un répit avant la Deuxième Guerre mondiale et la défaite, suivi de l'armistice de 1940. Le 11 novembre suivant, les étudiants montent vers l'Arc de triomphe pour déposer une rose sur la tombe du Soldat inconnu. Juvénile prise de conscience patriotique. Démarche intolérable pour les Allemands. Poursuivant et chargeant les jeunes contestataires, en arrêtant certains. L'occupant vient de signifier, ce jour-là, qu'aucune indulgence ne sera tolérée au moindre sursaut nationaliste des vaincus.

Le 26 août 1944, jour de la libération de Paris, le Général descend l'avenue des Champs-Élysées à pied vers la place de la Concorde. À la tête d'un cortège d'artisans de la victoire, des membres du Conseil national de la Résistance et des chefs militaires, au milieu de l'allégresse générale,

« Ah ! C'est la mer ! », écrit de Gaulle, puis il poursuit :

« Une foule immense est massée de part et d'autre de la chaussée. Peut-être deux millions d'âmes ! Les toits aussi sont noirs de monde. À toutes les fenêtres s'entassent des groupes compacts, pêle-mêle avec des drapeaux. Des grappes humaines sont accrochées à des échelles, des mâts, des réverbères. Si loin que porte ma vue, ce n'est qu'une houle vivante, dans le soleil, sous le tricolore. Ce n'est pas le jour de passer une revue, où brillent les armes et sonnent les fanfares. Il s'agit aujourd'hui de rendre à lui-même, par le spectacle de sa joie et de l'évidence de sa liberté, un peuple qui fut écrasé par la défaite et dispersé par la servitude [29]. »

Le Général remercie en la saluant de gestes sémaphoriques la foule venue l'acclamer. À l'Hôtel de Ville, devant des milliers de Parisiens, il prononce alors la phrase fameuse : « Paris humilié, Paris outragé, Paris martyrisé, mais Paris libéré. »

DOUBLE PAGE PRÉCÉDENTE

Les Champs-Élysées sont le théâtre des défilés militaires depuis des siècles.

CI-CONTRE

*Mai 68 : la foule envahit les Champs-Élysées pour demander le retour
du général De Gaulle et que, après la mini révolution avortée, cesse la chienlit
de la rue. Depuis la Libération, on n'avait pas eu l'occasion de voir un mouvement
de cette envergure sur l'avenue. En tête du défilé, au coude à coude, les barons
du gaullisme ont entonné, avec la foule, une Marseillaise. Leurs voix discordantes
n'ont donné qu'une piètre idée de leur accord parfait.*

Au mois de mai 1968, la contestation étudiante déclenche une grève générale paralysant Paris et le gouvernement. Le 30, à 16 h 30, de Gaulle s'adresse, par radio, à la nation. À 18 heures, un million de personnes envahissent les Champs-Élysées pour réclamer son retour et que cesse la « chienlit » de la rue. Un défilé gigantesque réunit, au coude à coude, l'élite pensante du gaullisme : de François Mauriac à Michel Debré, d'André Malraux à Maurice Schumann. Près de l'Arc de triomphe, on s'écrase ; la foule entonne *La Marseillaise*, reprise par les gaullistes de choc, dont les voix discordantes n'ont donné qu'un piètre exemple de leur accord parfait.

Le 14 juillet 1989, Jean-Paul Goude célèbre, à sa manière, la fête du Bicentenaire de la Révolution française. Métamorphosant l'avenue des Champs-Élysées en une véritable scène pour féerie à grand spectacle, son défilé, sorte de parade fantastique, de chars décorés et de saltimbanques retraçant l'histoire légendaire de la nation, prend des allures de fantasmagorie clinquante de couleurs et de lumières. Place de la Concorde, une *Marseillaise*, chantée par Jessye Norman drapée dans un drapeau tricolore, parachève cet élan cocardier.

Une immense toile peinte représentant un poste de radio, dans le style avant-guerre, placée contre l'obélisque de la Concorde, commémore l'appel radiophonique du général de Gaulle, lancé de Londres le 18 juin 1940. Un demi-siècle plus tard, ce 18 juin 1990, son exhibition évoque les jours sinistres de l'Occupation où, fidèle au poste, l'oreille collée contre le haut-parleur, la France écoutait les voix des Français parlant aux Français venus d'outre-Manche, qui entretenaient l'espoir d'une libération prochaine.

Chaque année, à l'occasion de la revue du 14 Juillet, les troupes terminent leur descente devant la tribune où sont réunis le président de la République et les membres de son gouvernement. L'exhibition, sur les Champs-Élysées, des engins les plus spectaculaires de l'armée française, au son des marches militaires rythmées par le pas cadencé des soldats, ranime l'esprit patriotique de la population, en symbolisant l'unité nationale du pays.

Tous les ans, la télévision retransmet la manifestation. Elle précède immanquablement une intervention du chef de l'État, suivie d'une garden-party donnée dans les jardins de l'Élysée par le président de la République.

Pour la célébration du rituel 31 décembre, les Champs-Élysées sont désormais réservés aux fêtards. Plus de six cent mille personnes se rassemblent au milieu de l'avenue, fermée à la circulation. Embrassades et congratulations s'échangent dans une allégresse convenue sous les platanes ruisselant de guirlandes d'ampoules électriques. La parodie de cette fraternité de kermesse dote tout un chacun de sentiments bienveillants envers son prochain. Démonstrations bien préférables à la procession des voitures et à leur cacophonie de klaxons.

Dans le froid des premières heures du premier de l'an, tandis que Paris dort, serpentins, confettis et reliefs de la fête, disparaîtront avec le jour pour restituer aux Champs-Élysées dignité et noblesse.

LA PRESSE AUX CHAMPS. Si la presse a, de nos jours, déserté les Champs-Élysées, elle y fut très active pendant plus d'un siècle. Émile de Girardin, l'un des pères de la presse moderne, habitait, avec son épouse Delphine Gay [30], l'hôtel Choiseul-Gouffier [31]. Il y fonda *La Presse*, en 1836, journal à prix modique – il coûtait moitié moins cher que ceux de ses concurrents – grâce à la publicité commerciale, dont il fut le premier à recueillir les fruits. L'innovation suscita de vives querelles avec ses concurrents, patrons des principaux journaux.

Pour avoir publié un article déplaisant contre lui, Girardin provoqua en duel Armand Carrel [32], directeur du *National*, et le tua. En sauvant son honneur, il avait supprimé un concurrent.

Hugo, Balzac, Dumas, Lamartine, Gautier, George Sand, ainsi que Marie d'Agoult et Liszt, fréquentaient le salon des Girardin. Delphine, elle-même écrivain et auteur dramatique, très lancée dans le Tout-Paris, signait, sous le pseudonyme de vicomte de Launay, des *Lettres parisiennes* dans les journaux de son époux. Avec *Le Petit Journal*, et *La France*, Girardin a soutenu la cause des républicains. Son influence n'a pas été négligeable dans leur victoire de 1877.

Au milieu du XXe siècle, tous les grands journaux sont présents sur les Champs-Élysées. *Le Populaire* de Léon Blum [33], en 1918 ; *Le Figaro* de Gaston Calmette [34], en 1925 ; *Le Jour* de Léon Bailby [35], en 1933 ; *Paris Match* de Jean Prouvost [36], en 1938, puis *Télé 7 Jours*, en 1960 (rue Pierre-Charron) ; *Jours de France* de Marcel Dassault [37], en 1954 ; l'*Excelsior* de Pierre Lafitte ainsi que quelques autres titres occupèrent, un moment, les bureaux de l'immeuble du n° 116 *bis*, construit pour le Poste Parisien en 1931.

CI-CONTRE
Comme le Colisée, le Triomphe a été l'un des plus grands cafés de l'avenue.
Son personnel en uniforme d'officier, son décor Art déco, sa fontaine
de verre et d'acier aux geisers lumineux, multicolores, au sous-sol, et son orchestre
serinant les derniers succès, ravissaient les touristes. Escale du flâneur fatigué,
rendez-vous parisien des provinciaux, et répit de la frivole courant les magasins.
Le café-amiral des Champs-Élysées a sombré en 1939, laissant la place
à un cinéma portant son nom.

CI-CONTRE

L'entrée du café Latina, au 114 de l'avenue, s'ouvre par cette porte ouvragée
de fer forgé. Une discothèque se trouve au sol-sol de ce café-restaurant.

LA BELLE ÉPOQUE AUX CHAMPS-ÉLYSÉES. Après la défaite de Napoléon à Waterloo, les troupes d'occupation campent sur les Champs-Élysées. Les années 1814-1816 voient leur saccage. Les Parisiens, leur curiosité satisfaite, attendent avec impatience le départ des occupants. Deux années seront nécessaires avant que les jardins ne redeviennent un lieu de promenade et de distraction. S'y tiennent alors des manifestations populaires, et certains rendez-vous dont la morale s'étonne. Dans les allées des alentours, comme celle d'Antin, les rencontres n'y sont pas fortuites, mais tarifées. Plus que singulière est l'allée des Soupirs, puis des Veuves (actuelle avenue Montaigne) où, sous les grands ormes, les courtisanes s'habillent de noir pour inciter les veufs à oublier leur deuil.

Pendant les grands travaux entrepris dans Paris par le préfet Haussmann, la circulation des véhicules, détournée par des rues conduisant à l'avenue des Champs-Élysées, contribue à l'épanouissement d'un quartier résidentiel nouveau. Les spéculations outrancières, engendrées par le développement économique et industriel, enrichissent banquiers, entrepreneurs, négociants et manufacturiers, Ces nantis constituent une manière d'aristocratie où les millions suppléent les quartiers de noblesse. Cette opulence soudaine les conduit à se faire construire, aux Champs-Élysées, et dans leur voisinage immédiat, des hôtels particuliers, voire des palaces, comme résidence : édifices fastueux, offrant l'image d'une société bourgeoise, parvenue et prospère. Au-delà du Rond-Point, les jardins redessinés par Jacques Hittorff sont livrés aux cafés-concerts, bals, restaurants et boutiques. Tout au long de ce XIXᵉ siècle finissant, c'est le lieu des menus plaisirs du Paris qui s'amuse.

« Dans les années 1890 – écrit Paul Morand – les Champs-Élysées n'étaient chargés d'humanité et de voitures que le dimanche, surtout au retour des courses, quand il était de bon ton de descendre l'avenue en rentrant vers la rive gauche et vers le boulevard Saint-Germain ; victorias du gratin, landaus des célibataires, coupés de cocottes, barouches aux harnais vernis, timbrés aux armes se suivaient ; les valets de pied des landaus diplomatiques, en culottes de peau blanche et bottes à revers roses, en chapeau haut de forme à cocarde, bras croisés, se tenaient à côté du cocher, ne sautant de leur siège que pour ouvrir la portière ou déposer des cartes de visite [38]. »

On y remarquait encore les grands hôtels du second Empire : celui du duc de Gramont, au coin de la rue Quentin-Bauchard ; de la duchesse d'Uzès ; du duc de Massa, à l'angle de la rue de Berry (démonté pierre à pierre, il a été reconstruit à l'identique rue Saint-Jacques). Il n'y en avait guère plus d'une demi-douzaine à la fin du XIXᵉ siècle : l'hôtel néopompéien du prince Napoléon ; celui du comte de Quinsonas, de style gothique ; la maison tunisienne de Jules de Lesseps, et le surprenant hôtel rose du duc de Brunswick. Tous ont disparu. Seul celui de la Païva, le plus luxueux, a résisté à la pioche des démolisseurs. L'architecte Pierre Manguin [39] passa dix ans de sa vie sur le chantier, veillant au moindre détail, considérant cet hôtel comme son chef-d'œuvre. Il faisait travailler les matériaux de construction sur place, le marbre aussi bien que l'onyx. De style néo-Renaissance, la demeure répond au goût de son époque, par sa décoration écrasante de sculptures, peintures, fresques, ivoires sculptés, rideaux de damas. La salle de bains de la marquise, avec sa baignoire en onyx aux robinets de vermeil, est celle d'une sultane régnante. Quelques œuvres de belle qualité sont englouties dans ce fatras fastueux.

*L'hôtel de la Païva est l'ultime
maison particulière
des Champs-Élysées.
Née en Russie, d'origine
modeste, Thérèse Lachmann
devient la « lionne »
qui croquera allègrement
la fortune de ses maris
successifs. Devenue marquise
de Païva, elle fait construire,
de 1856 à 1866 « son »
hôtel. C'est aujourd'hui
le siège du Travellers Club.*

De style néo-Renaissance, le décor intérieur de l'hôtel est caractéristique
de l'époque : plafond de Baudry, cheminée de Dalou. Les salons surchargés
de sculptures, peintures, fresques, ivoires, ainsi que son escalier et sa salle de bains
d'onyx, font penser au sérail de l'odalisque favorite d'un sultan.

*Le Corbusier se charge, en 1936, d'aménager la terrasse surréaliste
de l'appartement du collectionneur Charles de Beistegui. L'architecte adopte
une architecture épurée, installe sur une fausse pelouse, une vraie cheminée
Louis XV, avec miroir et perchoir de perroquet. Un cadre de tableau vide
encadrait la perspective sublime sur l'Arc de triomphe. « Personne n'avait
jamais vu un équivalent de la terrasse de Beistegui », écrivait Cecil Beaton
dans* Le Miroir de la mode. *Mais Beistegui se lassera de son salon
de plein air incongru ; il le redécorera, lui-même, dans le style mi-anglais,
mi-second Empire cossu, mais sans grande originalité, de son appartement.*

Charles Drecoll, grand couturier d'avant la Première Guerre mondiale, s'établissait dans un hôtel appartenant aux Beistegui, au coin de la rue Balzac. Dans la cour de l'immeuble, le petit théâtre de l'Étoile occupait, en 1923, le rez-de-chaussée. En 1945, Charles de Beistegui fait aménager au dernier étage un appartement dont la terrasse, sorte de rouf, est agencée en salon de plein air. Le Corbusier [40], chargé de l'installation, le tapisse d'une moquette verte imitant le gazon où, anachronisme sublime, trône une cheminée Louis XV. Plus tard, le décor de l'architecte novateur disparaîtra. Beistegui le transforme dans un style rococo, et installe une sorte de périscope, permettant d'apprécier la perspective des Champs-Élysées. Les invités du richissime collectionneur raffolaient de son « toit-terrasse », comme d'autres admiraient naguère la vue sur Paris depuis la terrasse Martini.

*A Paris, en 1896, Alberto Santos-Dumont, le plus français des Brésiliens,
pionnier de l'aéronautique, survole les Champs-Élysées puis pose
son dirigeable dans la contre-allée, devant son domicile du 148 de l'avenue,
sous les yeux ébahis des passants.*

LES FOUS VOLANTS ET LEURS DRÔLES DE MACHINES SUR LES CHAMPS. Plusieurs héros de
l'aviation civile ont habité les Champs-Élysées. Alberto Santos-Dumont [41] demeurait dans l'ancien immeuble du n° 148 de l'avenue. Pionnier de machines volantes, il vint, un beau jour, poser son dirigeable dans la contre-allée jouxtant son domicile, non sans
avoir, au préalable, survolé l'avenue. Point de vue nouveau et exceptionnel à une époque où il fallait monter sur les terrasses pour
en admirer la perspective. Ce Brésilien de Paris avait créé plusieurs modèles de dirigeables. Vainqueur, en 1901, d'une course entre
Saint-Cloud et la tour Eiffel, il fut aussi l'un des tout premiers aviateurs à réaliser, le 23 octobre 1906, un bond de soixante mètres,
à bord de son biplan *14 bis*. L'histoire ne dit pas ce qu'il avait fait des quatorze appareils précédents. C'est ensuite grâce à ses petits
appareils appelés « demoiselles », ancêtres de nos ULM, qu'il parcourra des distances de plus en plus longues.

Le comte Henri de La Vaulx [42], autre créateur d'aérostats, habita, lui aussi, aux Champs-Élysées, au n° 120. Explorateur connu,
il réussit, en 1900, l'exploit de relier Paris à Korostichev, près de Kiev, en Ukraine. En 1929, avec Jean Mermoz [43], ils posent, en catas-
trophe, leur Latécoère 25 sur une corniche de la cordillère des Andes. En 1930, La Vaulx se tue dans un accident d'avion aux États-
Unis. Des funérailles nationales seront célébrées à Paris. Mermoz donnera son nom à l'avion avec lequel il vaincra l'Atlantique.

Fortunés, l'un comme l'autre, ces deux héros ont investi sans compter pour faire progresser l'aviation. Fils du fondateur à Paris
du *New York Herald Tribune*, James Gordon Bennett [44], citoyen américain mais Français d'adoption, a demeuré dans le même immeuble que celui d'Henri de La Vaulx. Il encouragea le sport automobile, ainsi que l'aviation, en créant la coupe Gordon Bennett, décer-
née au pilote de ballon franchissant la plus grande distance, le point de départ étant situé dans le pays du vainqueur précédent.

CHAMPS-ÉLYSÉES DE PARADES AUTOMOBILES ET D'ÉLÉGANCE. Quand Léon Serpollet [45] comprit, en 1887, que son tricycle à vapeur ne pourrait concurrencer la voiture dotée d'un moteur à essence, il le modifia en remplaçant le coke, trop lourd, par l'huile de paraffine. Il fut le premier à atteindre la vitesse de 120 km/h et à posséder le permis de conduire n° 1. Dès lors, la vitesse ne cessera de passionner les premiers automobilistes et, en 1884, le moteur à explosion quatre temps, breveté par Édouard Delmare-Deboutteville [46], alimenté à l'essence de pétrole, va permettre de réaliser certaines performances, annonçant les courses automobiles.

En 1895, pour l'épreuve de vitesse historique Paris-Bordeaux-Paris, organisée par le marquis Albert de Dion [47], fondateur de l'Automobile-Club de France, vingt-deux voitures sont sous ses ordres, prêtes au départ, devant l'Arc de triomphe.

La concurrence des marques est âpre entre Peugeot, Panhard, Benz, Bollé, Renault et bien d'autres. La vitesse progresse au fur et à mesure des épreuves. Ainsi, la moyenne passe de 21 km/h, sur la course Paris-Rouen, en 1894 , à 74 km/h en 1901, sur Paris-Berlin et à 105 km/h, en 1903, sur Paris-Madrid. Cette course sera la dernière autorisée sur les routes non gardées. Sur l'avenue des Champs-Élysées, de grandes marques comme Hotchkiss ont participé en 1907 à des démonstrations lors des premiers Salons de l'automobile ouverts au Grand Palais.

L'automobile, que l'on accuse aujourd'hui de tous les maux, menaçant la couche d'ozone, polluant l'air de nos villes, asphyxiant la circulation, blessant et tuant sur les routes, mais dont les humains ne sauraient se passer, fut un temps objet de concours de coquetterie et d'élégance.

Dès son apparition, au début du XXᵉ siècle, les automobilistes reportent sur elle les égards et les soins réservés jusqu'alors aux victorias, aux cabriolets ou aux tilburys.

Ainsi sont nés ces concours où les juges devaient tenir compte aussi bien du chic de la candidate que de l'harmonie des lignes de son auto. Cruel dilemme pour les arbitres, lorsque l'élégante était préférée à la torpédo, ou la Delahaye, carrossée par Chapron, plus estimée que sa conductrice. Un laideron, au volant d'une Bugatti « Royale », peut-elle remporter le concours contre la C4 Citroën que conduit la plus ravissante des créatures ?

Les Champs-Élysées, avant de devenir une manière d'autoroute entre le Rond-Point et la place de la Concorde, ont été le théâtre de ces défilés dominicaux, auxquels collaboraient la haute couture parisienne et l'élite des constructeurs. Un public en promenade, goguenard et bon enfant, ne manquait pas de faire des commentaires dont l'interprétation pouvait prêter à confusion, dès qu'il s'agissait de la ligne troublante d'un châssis ou du charme d'une carrosserie.

L'AVENUE DE TOUS LES VOYAGES. Ces automobiles étincelantes, exposées dans les vitrines des Champs-Élysées, font naître, chez certains promeneurs, un désir irrépressible d'évasion. Ils se voient déjà, cheveux au vent, au volant d'un cabriolet décapotable, coiffés du casque souple des pilotes de bolides, lunettes d'aviateur sur les yeux, roulant vers une côte, d'Azur ou d'Émeraude. D'autres, qu'engourdit l'idée de passer des heures harassantes en voiture, cèdent à la tentation d'entrer dans une agence de voyages ou au siège d'une compagnie aérienne pour partir vers une destination longtemps convoitée. Qui ne s'embarquerait dans l'instant avec Air France pour les Antilles, les Seychelles ou les Galápagos ; pour Saint-Pétersbourg, Samarkand et Nijni-Novgorod, avec Aeroflot ; pour Bangkok ou pour Angkor, cité des rois Khmers, avec Thai Airways, alors que le Club Méditerranée, de l'autre côté de l'avenue, invite à une vie stimulante dans l'un de ses villages ensoleillés d'Agadir ou de Djerba...

Aire de départ privilégiée, la grande avenue a toujours été associée aux voyages, offrant aux nostalgiques d'horizons exotiques, non seulement le nécessaire mais encore le superflu : guides, atlas, titres de transport, vêtements, bagages, pharmacie, change. Quant à ceux qui demeurent assis aux terrasses des cafés, ils observeront à loisir défiler, entre l'Étoile et le Rond-Point, le monde entier venu s'enivrer de l'air de Paris.

CI-CONTRE
En survolant l'avenue du Bois de Boulogne (avenue Foch), avant de se diriger vers les Champs-Élysées, Santos-Dumont à bord de son dirigeable fait sensation auprès des promeneurs. Il fut, dès 1906, un pionnier de l'aviation en créant de petits appareils appelés « demoiselles », ancêtres de nos ULM.

[64]

Les Champs-Élysées

*Lorsque ces Hotchkiss
descendaient les Champs-
Élysées, en 1907, les courses
sur routes étaient interdites
depuis deux ans. Mais,
lors des premiers Salons
de l'automobile au Grand
Palais, une dérogation
spéciale avait sans doute
autorisé le constructeur
à exhiber ces bolides
merveilleux, saisis au vol
par l'objectif
de Jacques Henri Lartigue.*

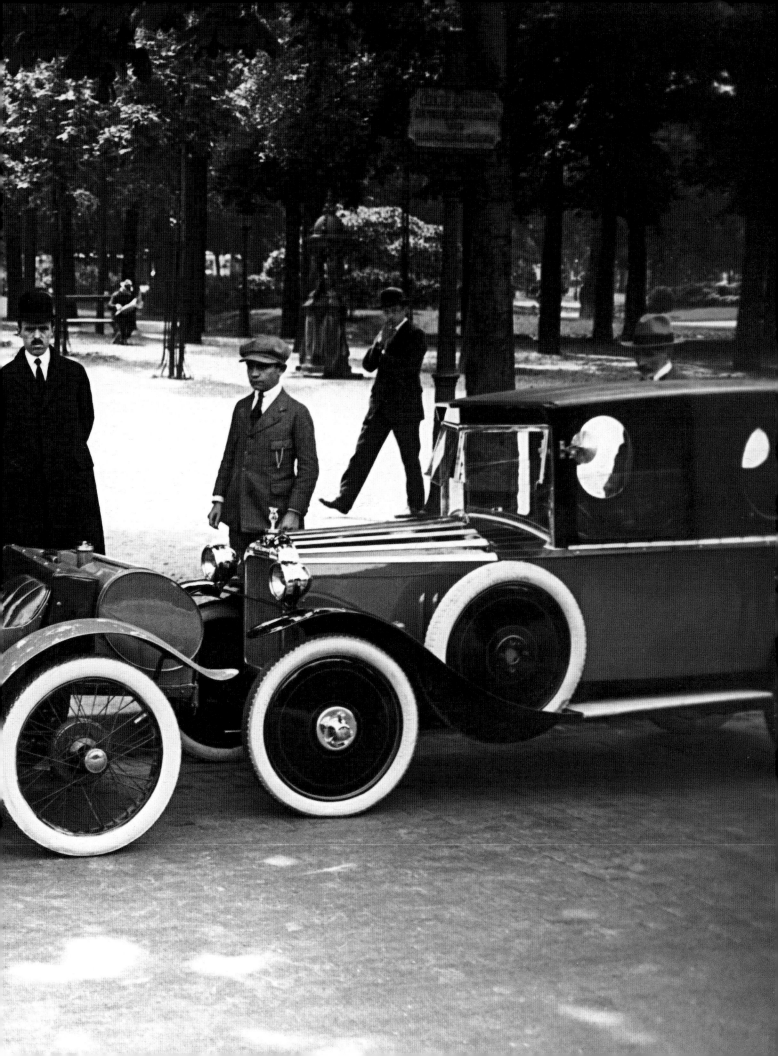

LES CHAMPS-ÉLYSÉES EXPOSENT. Les Expositions universelles – en 1867, 1878, 1889 – s'étaient tenues principalement au Champ-de-Mars et sur les rives de la Seine ; celle de 1900 se déploie jusque sur les Champs-Élysées. Le pont Alexandre-III, grande arche de plus de cent mètres de long, est achevé pour ce rendez-vous marquant le terme officiel du XIXᵉ siècle.

Construits dans le prolongement du pont, face-à-face imposant, le Grand et le Petit Palais abritent la section des beaux-arts. Très représentatifs de l'architecture de l'époque, les deux monuments ne manquent pas dès la fin de l'Exposition de détracteurs pour condamner leur inanité grandiose.

Les architectes du Grand Palais avaient pour tâche ingrate de construire un édifice de proportions gigantesques devant servir de hall d'exposition des beaux-arts, de Salon de l'automobile, du cycle, de la locomotion aérienne, de stand pour le concours agricole. Ils construisent un vaste volume à carcasse de fer dont la façade s'orne, à son sommet, de statues et de quadriges colossaux, d'une envolée exubérante, aux chevaux cabrés sur leurs membres postérieurs, destinés, sans doute, à donner un côté aérien au bâtiment pesant. Les sculpteurs Larche, Thaunissen, Sicart, Soulié, Peter, Récipon (dont le char antique est à l'envers) ont rivalisé de lyrisme pour tenter d'alléger l'ensemble.

Moins prétentieux est le Petit Palais, dont les proportions plus mesurées cadrent avec sa vocation de hall d'exposition d'œuvres d'art. Surmonté d'un dôme, l'édifice, avec son escalier et son porche monumentaux, une façade intérieure donne sur un jardin. Il présente ses collections à son unique étage et dans ses combles aménagés ; il accueille aussi des expositions temporaires.

Le 28 avril 1925, les deux bâtiments sont investis par l'Exposition des arts décoratifs. Autour des deux palais, l'esplanade des Invalides et le pont Alexandre-III, dans un déploiement luxuriant, présentent les travaux de jeunes créateurs.

Assumant pleinement la responsabilité du changement radical qu'ils préconisent pour les arts appliqués, leurs œuvres obéissent à des schémas fonctionnels autorisant leur reproduction de manière industrielle.

L'influence de cette exposition, considérable dans l'architecture, sera notable dans les immeubles nouveaux construits avenue des Champs-Élysées à la fin des années 20. Quelques vestiges subsistent, comme l'immeuble du nᵒ 77, construit par un marchand de meubles, en 1923, ou celui faisant l'angle de l'avenue George-V, en face du Fouquet's, datant de 1931, dont la façade est classée. La compagnie américaine TWA en a occupé le rez-de-chaussée pendant de nombreuses années. C'est le malletier Louis Vuitton qui, pour son retour sur l'avenue, s'est installé dans cet angle stratégique.

Précurseurs du mouvement qui allait imposer une conception moderne de l'architecture, Mallet-Stevens [48], comme Le Corbusier, condamne certaines idées reçues concernant l'habitat. Il construit plusieurs pavillons à l'Exposition des arts décoratifs suivant un concept d'urbanisme original exposé dans son livre *Une cité moderne*. Ses théories nouvelles auront des répercussions considérables dans la promotion immobilière à Paris.

Entre les deux guerres, l'installation de sociétés commerciales sur l'avenue des Champs-Élysées sollicite la création, de plus en plus pressante, de bureaux. Ceux-ci empiètent, peu à peu, sur les immeubles aux dépens des locaux résidentiels. Cette métamorphose du quartier sera encore plus sensible à l'instant où de grandes sociétés multinationales s'y implanteront, considérant, à juste titre, qu'il n'est pas de meilleure adresse à Paris pour le prestige de leur entreprise.

LES CHAMPS DES CAFÉS ET DES BARS. Dans les années 30, le style Art déco sévit sur les Champs-Élysées. Les cafés et les restaurants adoptent des décors à la mode. Certains font appel à de grands artistes comme Ruhlmann [49], dont le style élégant, dépouillé, joint à une perfection technique, marquera l'époque où le luxe s'associe au confort.

Le Café ouvert en 1870 au Rond-Point a été l'un des premiers cafés des Champs-Élysées. Le Cirque d'Été était à deux pas. Il a pris le nom de Café du Cirque, puis Café des Gaufres, une spécialité de la maison. En 1925, on le rebaptise Café du Rond-Point, l'année même où *Le Figaro* s'installe en face. Il a été remplacé en 1970 par un drugstore.

Le Colisée, ouvert en 1933, a adopté le nom de l'ancien centre de divertissements occupant ce lieu au XVIIIe siècle. Vaste café-brasserie de trois étages, au décor rougeoyant, achalandé du matin au soir d'une foule turbulente, il aura été le grand rendez-vous de la rive droite. Son sous-sol, domaine de jeunes gens et d'étudiantes séchant leurs cours, retentissait des éclats de cette jeunesse insouciante et dorée, badinant dans une tabagie aux fragrances de Virginie. Sa terrasse gigantesque envahissait le trottoir de l'avenue, comme celle du Triomphe, café voisin, successeur de l'ancien Berry en 1934, qui lui disputait la clientèle des Champs-Élysées. Dans un décor Années folles, on s'extasiait devant sa fontaine de verre et d'acier, du ferronnier Raymond Subes [50], dont le geyser se métamorphosait sous les effets des jeux d'eau et de lumière, tandis que l'orchestre consciencieux tentait, en vain, de couvrir le brou-haha de ce caravansérail.

À la terrasse du Select, l'ancien American-Bar fameux de l'avenue, Léon-Paul Fargue [51], inlassable piéton de Paris, se demandait en buvant son habituel quart Vichy tiède si les Champs-Élysées n'étaient pas redevables au cinéma de cette « foire aux cafés ». Ceux-ci, de plus en plus nombreux au moment où se manifestait un engouement pour les premières salles projetant des films par-lants, furent souvent complémentaires des cinémas comme au Marignan, café-restaurant, à l'angle de la rue éponyme, où le bar en sous-sol communiquait avec la rotonde du cinéma exploité sous la même enseigne.

Fréquenté de manière assidue par la jeunesse « swing », le Pam-Pam – au coin de la rue Lincoln –, a été, pendant l'Occupation, le rendez-vous des zazous. Reconnaissables à leur accoutrement extravagant, ces nouveaux « incroyables », à défaut de whisky, buvaient du thé, assis, à touche touche, sur des tabourets, pendant les rudes hivers des premières années 40. Ils s'imaginaient faire acte de résistance à l'occupant, en écoutant des standards américains, dont la diffusion publique était prohibée. Après la guerre, le Pam-Pam n'a pas retrouvé la même ferveur auprès des nouvelles générations. En 1970, un pub anglais, le Red Lion, prend la suite, perpétuant la tradition anglo-saxonne de ce coin de rue. Mais, en 1978, lorsqu'il ferme, les inconditionnels des tavernes enfumées d'outre-Manche déserteront les lieux pour ne pas se retrouver dans les vapeurs cheminotes du Bistro de la Gare, son successeur. C'est actuellement toujours un bistro, mais... romain.

Depuis la rénovation de l'avenue, l'affichage et la publicité lumineuse
sont strictement réglementés. À la débauche des néons d'après-guerre,
succède aujourd'hui une certaine sobriété des enseignes.

PAGE DE GAUCHE

Un des rendez-vous important de l'avenue, Le Paris a ouvert ses portes
en 1946. Il vient d'être rénové par les frères Costes.

CI-DESSOUS ET DOUBLE PAGE SUIVANTE

Aux abords de l'avenue, boîtes et discothèques se font discrètes. Dans la pénombre,
les jeux de lumière multicolore zèbrent les couples se trémoussant
sur des rythmes syncopés. Certains animateurs en vogue de la vie nocturne
de Paris ont depuis quelque temps adopté les Champs attirant la « jet-set ».
La nuit s'éveille à nouveau sur la grande avenue.

L'AVENUE DES CINÉMAS. Alors que les cinémas de quartier ont presque tous disparu, ceux de l'avenue des Champs-Élysées n'ont fait que se multiplier. Aujourd'hui, plus d'une dizaine de cinémas multisalles (UGC-George-V : onze salles) se disputent la clientèle des amateurs du grand écran (plus de quarante films sont projetés en permanence chaque jour). Si la plupart des salles appartiennent à de grandes maisons de diffusion, d'autres, en revanche, survivent encore face à la gloutonnerie des distributeurs importants (UGC et Gaumont). Le Balzac, dans la rue éponyme (trois salles), un peu en retrait de l'avenue, appartient toujours à la même famille, et le propriétaire du Mac-Mahon de l'Étoile poursuit avec vaillance ses festivals consacrés à des metteurs en scène prestigieux d'autrefois ou à des stars de légende.

L'histoire du cinéma retiendra les salles mythiques de l'avenue : l'Ermitage, aux fauteuils-clubs de cuir fauve si confortables qu'ils autorisaient, le cas échéant, une sieste réparatrice pendant la projection d'un film soporifique. Sur la scène minuscule, le chansonnier Bétove prenait la relève du film, dans une atmosphère enfumée par les cigares. La salle, où l'on prenait si bien ses aises, a disparu en 1990. D'autres se sont évanouies : le Colisée, le Biarritz, le Cinéma des Champs-Élysées, le Raimu, le Lord Byron, le Paramount-Mercury, l'Avenue et le Paris.

Le Normandy, ruban bleu des cinémas des Champs, avec ses deux mille places, était le rival du Gaumont-Palace de la place Clichy (deux mille cinq cents places). Francisé en Normandie, le grand cinéma a été démoli en 1967, remplacé en 1969 par quatre salles. Le Marignan, aujourd'hui Gaumont-Marignan avec six salles, a présenté en exclusivité, en septembre 1936, *Le Roman d'un tricheur*[52], le fameux film de Sacha Guitry, tourné la même année que *Mon père avait raison*. Pionnier du cinéma, Guitry avait réalisé *Ceux de chez nous*, en 1915, dont les « vedettes » s'appelaient Auguste Rodin, Edmond Rostand, Auguste Renoir, Edgar Degas, Camille Saint-Saëns, Claude Monet, Sarah Bernhardt, et Anatole France ; témoignage inestimable, de Guitry, tourné avec sa première caméra. Superproduction du même auteur, chronique brillante dans laquelle l'histoire de l'avenue se confond avec celle de la France, *Remontons les Champs-Élysées*, en 1938, précède les défilés de ceux qui vont les descendre, musique en tête, aux jours moins glorieux de 1940.

L'histoire du cinéma passe par les Champs-Élysées ; le Théâtre Fémina, dans le sous-sol de l'immeuble du 88/90, le premier, importa le septième art sur l'avenue après la Grande Guerre. Disparu en 1929, il a donné, avec le Colisée Théâtre, l'élan pour l'ouverture de salles prestigieuses : l'Ermitage en 1930, le Pathé Marignan en 1933, et le Normandie en 1936.

Quant aux films ayant pour thème les Champs-Élysées, la quantité n'égale pas la qualité. Si l'on excepte *À bout de souffle*, de Jean-Luc Godard, et *Remontons les Champs-Élysées*[53], de Sacha Guitry. Dans le premier, Godard met l'avenue en scène, donne une vision originale, quasi documentaire de la capitale. Dans le second, c'est une chronique spirituelle de l'histoire de l'avenue, que Guitry a racontée selon ses mots : « Par le menu, par le détail, selon mes goûts. »

Producteurs, distributeurs, réalisateurs, scénaristes, acteurs, exploitants, tout le personnel cinématographique vibrionne du Rond-Point à l'Étoile. Les projets sont faramineux, les budgets fantastiques, plus souvent dans l'esprit que dans la lettre, mais qu'importe, l'enthousiasme demeure indemne sur la grande avenue des illusions.

CI-CONTRE ET DOUBLE-PAGE SUIVANTE

Inauguré en 1936, le cinéma baptisé « Normandy » – nom anglicisé du fameux paquebot transatlantique –, était à l'époque la plus vaste et la plus prestigieuse salle des Champs-Élysées. Ses deux mille spectateurs appréciaient non seulement son grand écran, mais les attractions de music-hall complétant la projection des films. Pathé en assura la programmation jusqu'en 1938. Le nouveau propriétaire francise le nom en Normandie, puis la salle est fermée en 1967 pour une complète rénovation ; elle ne rouvre ses portes qu'en 1969. Normandie, désormais divisé en quatre salles, est le vaisseau amiral de la chaîne des cinémas UGC.

L'IRRÉSISTIBLE ASCENSION DU FOUQUET'S. La valse des enseignes s'est accélérée après-guerre. Trois d'entre eux ont survécu au raz-de-marée, le George-V, le Madrigal, et le Fouquet's qui a résisté aux tempêtes et demeure insubmersible, ancré au coin de l'avenue George-V et des Champs-Élysées. Sa vogue n'a pas faibli depuis plus d'un siècle et, comme pour Maxim's, autre « lieu de mémoire », l'apostrophe finale de son nom confère à sa raison sociale un certain cachet cosmopolite qui n'est peut-être pas étranger à son succès. Pour les deux fondateurs de ces établissements prestigieux, il eût été aléatoire pour des raisons de prononciation que, l'un, Maxime Gaillard, anglicise son patronyme, et l'autre, Louis Fouquet, son prénom.

En 1899, Louis Fouquet achète le bistrot de cochers qui fait l'angle de l'avenue George-V. Cédant à l'anglomanie qui sévit à l'époque, il ajoute à sa raison sociale « American Drinks Cocktails ». De quoi écœurer plus d'un automédon, mais séduire les élégants cavaliers de l'avenue du Bois. Après la rénovation des murs et l'installation d'un bar, Fouquet accueille ses premiers clients. Quand une fièvre typhoïde l'emporte en 1905, le café-bar a déjà une réputation que Léopold Mourier, cuisinier réputé à Paris, va exploiter à son tour. Le petit monde des courses : turfistes, entraîneurs, jockeys, propriétaires, a désormais pris l'habitude de s'y retrouver à l'issue des réunions hippiques de Longchamp. Mourier accentue le style anglais de l'établissement en ajoutant l'apostrophe « s » à Fouquet, inaugure un grill-room tapissé d'acajou et un bar digne d'un club britannique où, comme en Grande-Bretagne, les femmes ne sont admises qu'accompagnées.

Au bras des plus jolies créatures de Paris, Georges Guynemer [54], pilote de chasse aux cinquante-quatre victoires, ne se contente pas seulement de prendre, pendant la Grande Guerre, des risques périlleux dans le ciel de la Champagne ou de la Picardie. Entre deux missions, il vient boire et s'amuser au bar du Fouquet's avec les héros du jour, ses compagnons de combat. Lorsqu'ils quittent joyeusement le Fouquet's – depuis lors, bar de l'escadrille –, pour aller dîner chez Maxim's, ces messieurs se livrent alors à un petit jeu d'adresse redoutable. Il s'agit de descendre les Champs-Élysées au volant d'automobiles rapides et, le pied au plancher, de passer les refuges du centre de l'avenue entre les quatre roues. Jeu d'adresse insensé, divertissement de risque-tout, sans doute passablement éméchés.

Le restaurant, ouvert au premier étage par Mourier, est digne de son maître le grand Auguste Escoffier [55], une cuisine de classe appréciée des gastronomes, des personnalités du monde du spectacle, de l'édition, de la mode, et de la politique. Au Fouquet's, James Joyce croisait Robert de Flers ou Georges Feydeau, et Raymond Poincaré le général Lyautey. En s'y fourvoyant, Liane de Pougy et Émilienne d'Alençon ont privé, un temps, Maxim's de ses deux hétaïres de choc, tandis que Paul Poiret [56], le grand couturier du Rond-Point des Champs-Élysées, toujours fastueux, animait les soirées de fêtes aussi légendaires que celles données sur ses trois péniches : *Amour*, *Délice* et *Orgue*, amarrées près du pont Alexandre-III pendant l'Exposition des arts décoratifs.

Louis Barraya, successeur de Mourier, s'associe en 1923 avec Jean Drouant, restaurateur célèbre de la place Gaillon. Rien ne semble pouvoir contrarier l'assiduité de la clientèle du Fouquet's. Le krach de Wall Street, les crises politiques, et la guerre ne viendront pas modérer son succès.

Après la Libération, le décorateur Jean Royère renouvelle son décor un peu fané à la demande de Jean Drouant, désormais seul maître à bord du vaisseau amiral des Champs-Élysées.

Quelle heure est-il donc pour que Marlène Dietrich (ici et double page suivante),
puisse demeurer ainsi solitaire à la terrasse du Fouquet's ? Peut-être vient-elle
de son appartement de l'avenue Montaigne prendre un petit déjeuner ?
Ou bien s'attarde-t-elle, après son one woman show *? Reine du glamour*
hollywoodien, sa beauté aura défié le temps, et son sourire ravageur
envoûte les salles obscures.

Les écrivains – Marcel Achard, André Gide, Joseph Kessel, Paul Morand, Marcel Pagnol, Georges Simenon – les acteurs, réalisateurs et producteurs de cinéma, le grand Raimu accompagné de Maupi, Sacha Guitry, Jules Berry, Gaby Morlay, Jean Renoir, Tino Rossi, Marlène Dietrich, et tant d'autres fréquentent le Fouquet's.

En 1976, l'annonce de sa mise en vente par Drouant plonge les fidèles dans la consternation. Ils redoutent qu'une banque ou qu'une compagnie d'assurances ne prenne possession de l'établissement pour le convertir en agence ou en bureaux. Un homme providentiel se présente *in extremis* pour reprendre les actions de Jean Drouant : Maurice Casanova. Germanopratin régnant sur la rue Saint-Benoît, le nouveau propriétaire va poursuivre, dans la tradition, l'exploitation du plus beau fleuron des Champs-Élysées. Il aménage des terrasses couvertes, organise des dîners de galas, comme ceux des césars, des molières ou à l'occasion des grandes premières de théâtre et de cinéma. Il accueille jury et lauréats de prix littéraires et baptise des salons du nom des célébrités disparues, habituées de la maison : James Joyce, Raimu, Roger Nimier.

Pendant plus de vingt ans, le Fouquet's demeure une des adresses les plus illustres de la capitale, mais, en 1988, le refus de la société financière du Koweit, propriétaire de l'immeuble, de renouveler le bail à Maurice Casanova, inquiète et mobilise tous ceux qui ont à cœur de sauvegarder ce haut lieu de la culture parisienne. Manifestations, campagne de presse, tout est mis en œuvre pour attirer l'attention des pouvoirs publics sur les menaces d'expulsion pesant sur le restaurant. Enfin, le 19 octobre 1988, Jack Lang, alors ministre de la Culture, annonce au groupe anxieux, stationnant sur le trottoir devant le Fouquet's, le classement de l'établissement à l'inventaire des Monuments historiques. Sous les applaudissements, le ministre annonce en, outre, que d'autres établissements aussi prestigieux seront désormais classés au titre de « lieux de mémoire ».

L'éloignement de Maurice Casanova, pour raison de santé, pose la question de la relève. Dans une conjoncture économique difficile, seul un groupe aux assises financières solides pouvait reprendre le flambeau des mains de celui qui l'a animé pendant plus de vingt ans. En absorbant le Fouquet's, le groupe Barrière, propriétaire des casinos les plus importants de France, ajoutait un fleuron élyséen à sa couronne hôtelière prestigieuse.

Les Champs-Élysées

LES DRUGSTORIENS AUX CHAMPS. Un lieu où, à toute heure du jour et tard dans la nuit, on est assuré de trouver un journal, un club sandwich, des cigarettes, le dernier best-seller, ou à défaut un somnifère, ouvre ses portes sur les Champs-Élysées en 1962. Marcel Bleustein-Blanchet, de retour d'un voyage aux États-Unis, importe l'idée d'un drugstore à la française, sorte de grand magasin miniature, auquel est adjoint un bar-restaurant. En le baptisant Drugstore Publicis, il donne un coup de projecteur sur son agence de communication. L'architecte d'intérieur Slavik donne au restaurant une touche de *saloon* de western, en privilégiant le bois et le laiton pour les éléments de son décor. Adapté librement du modèle américain, ce drugstore, vaste espace entre l'avenue et la rue Vernet, séduit les adolescents, fascinés par le standing américain, avides des productions d'outre-Atlantique, singeant la décontraction des héros du cinéma yankee.

Pour les Champs-Élysées, c'est un coup de jeune ; et du côté de l'Étoile, un fanal pour les noctambules.

Point d'ancrage des minets frimeurs, plus soucieux de la griffe de leurs jeans et le glaçage de leurs mocassins que leurs études, ils viennent échouer au Drugstore Publicis, ou vont en face s'enfermer dans les cabines capitonnées de Lido Musique ou de Sinfonia pour écouter *A Hard Day's Night, Yellow Submarine* succès des Beatles, ou les derniers 45 tours importés des États-Unis.

« J'ai pas peur des petits minets / qui mangent leur Ronron au Drugstore », chante Jacques Dutronc, tandis que France Gall braille, faussement naïve, *Les Sucettes* de Serge Gainsbourg :

« Quand elle n'a sur la langue
Que le petit bâton
Elle prend ses jambes à son corps
Et retourne au Drugstore. »

DOUBLE PAGE PRÉCÉDENTE

En 1964, Paul McCartney salue les Champs-Élysées de la portière de son taxi.
Le guitariste des Beatles est avec son groupe à Paris.

CI-DESSOUS

1960, les années yé-yé et de Salut les copains, *Sheila, ex-petite marchande*
de bonbons sur les marchés de banlieue, chante L'école est finie *et devient l'idole*
des gamines qui rêvent de grandes vacances. Ici, pour les besoins de la promotion
de Renault, elle sort de sa Renault 4 pour acheter un journal au kiosque
des Champs-Élysées, tandis que ces jeunes gens, à la coiffure et dans la tenue
« drugstoriennes », s'apprêtent à pénétrer dans leur établissement favori.

CI-CONTRE

Des minets posent pour la revue de mode masculine Adam *en mai 1963.*

Dix ans plus tard, en septembre 1972, coup dur pour les drugstoriens : l'immeuble Publicis, l'hôtel Astoria de jadis, flambe ; il ne reste qu'une carcasse noire sur les Champs-Élysées. Au bout de trois ans, un immeuble de verre conçu par l'architecte Pierre Dufau [57] prend sa place. Sa transparence s'inscrit, sans contestation tapageuse, dans l'environnement élyséen. Un Drugstore nouveau est né. Tout casse, tout lasse, la petite clique des drugstoriens n'est plus là. Elle a vieilli, s'est égaillée. La génération nouvelle a pris d'autres quartiers, a d'autres centres d'intérêt, d'autres engouements. La clientèle du néo-Drugstore s'est embourgeoisée, elle déjeune, elle dîne, elle prend le thé, avant ou après les séances des cinémas Publicis Élysées construits dans l'immeuble nouveau. Une rénovation complète du Drugstore et de ses cinémas est entreprise à partir de janvier 2002.

Quant aux drugstoriens post-soixante-huitards, ils jouent maintenant dans la cour des grands, fréquentent les lieux branchés : le Man Ray, rue Marbeuf, le Barfly, en face du Fouquet's, le Tanjia rue de Ponthieu, ou le VIP Room des Champs, rendez-vous des gens du show-biz.

LÉONARD ROSENTHAL, SATRAPE DES CHAMPS. Promoteur des galeries enclavées dans les immeubles des Champs-Élysées, Léonard Rosenthal [58] a fait fortune dans le négoce des perles. Après la Grande Guerre, il fonde la Société immobilière des Champs-Élysées, dont l'objet principal est de privilégier le commerce de luxe sur l'avenue. Propriétaire de plusieurs immeubles, il transforme les boutiques de confection en hall d'exposition pour automobiles, vocation des Champs-Élysées de naguère, avec l'Élysée Palace Automobile, les magasins de voitures de luxe Bevalette Frères, Panhard et Levassor. Rosenthal construit Les Portiques, galerie monumentale, reliant l'avenue aux rues Lord-Byron et Arsène-Houssaye. Longue de près de cent vingt mètres, ses verrières immenses, ses colonnes de marbre, son entrée par un atrium à deux niveaux en marbre gris des Pyrénées, constituent l'environnement propice au commerce de luxe. Quarante magasins s'y installent, dont deux sont réservés aux expositions d'automobiles des établissements Loiseau, présentant des modèles superbes de Buick et de Cadillac. Son inauguration, le 5 avril 1928, a lieu en présence du ministre de l'Instruction publique, du préfet de la Seine, des membres du conseil municipal et d'une foule d'invités. Le succès des premières années ne se confirme pas et son exploitation va se révéler un échec. Devenu, entre 1930 et 1940, le Tyrol, café-restaurant, puis café-concert pour les troupes allemandes occupant Paris, le Tyrol devient une sorte de « soldaten-café ». Un panneau dans l'entrée *Juden verboten* [59] est un avertissement suffisant pour que les promeneurs passent leur chemin. Transformé en cinéma après la guerre, Les Portiques ont projeté, pendant cinq années consécutives, le film *West Side Story*. C'est aujourd'hui un complexe de cinéma multisalle.

En achetant l'hôtel particulier du marchand de meubles Georges Dufayel, Rosenthal a été mieux inspiré. Il construit en lieu et place un nouvel immeuble traversé par une galerie : les Arcades du Lido. Enclavé dans le bâtiment, le passage joint les Champs-Élysées à la rue de Ponthieu. Rosenthal le décrit comme « une oasis luxueuse qu'il faut aux promeneurs pour rompre la monotonie d'une trop longue promenade ». À l'inauguration, le 1er octobre 1926, les trois mille invités arpentent la galerie aux colonnes de marbre rouge, dont la majeure partie provient du palais Dufayel. Sa fontaine de verre et les vasques lumineuses sont signées du maître verrier René Lalique. Les parterres fleuris, les ferronneries, les vitraux, tout concourt au plaisir d'une promenade à l'abri des intempéries. C'est, précise Rosenthal, « un cadre qu'il faut au négoce élégant pour déclencher aux Champs-Élysées l'essor commercial général inscrit dans ses destinées [60] ». Les boutiques de luxe proposent aux chalands lingerie, parfums, maroquinerie, orfèvrerie, épicerie fine. On aménage en 1928, dans son sous-sol, une piscine longue de trente-trois mètres, cernée d'une cinquantaine de cabines, un hammam, un salon de coiffure, de massage et de soins ; on l'appelle désormais la plage de Paris.

La Société hydrothérapique et balnéaire des Champs-Élysées exploite l'établissement. Le nom de Lido lui sera attribué à la suite des folles soirées vénitiennes, données dans la piscine en 1928. Transformable en dancing, en salle de spectacle, le Lido sera, en 1946, occupé par le célèbre cabaret.

Après le déménagement du Lido au 116 *bis* de l'avenue, la galerie la plus ancienne de l'avenue, privée de son night-club, prend le nom d'Arcades des Champs-Élysées.

Léonard Rosenthal, par le truchement de plusieurs sociétés immobilières, a été entre les deux guerres l'artisan du renouveau immobilier de l'avenue. Il assurait que la transformation des Champs-Élysées proposerait aux visiteurs de Paris un spectacle tel qu'aucune autre capitale ne pourrait en montrer de comparable. Avec la création des galeries des Portiques et du Lido, celle de l'immeuble du 116 *bis* avec ses fenêtres bow-windows en accordéon et du célèbre café Le Colisée, Léonard Rosenthal ne cesse de réaliser des projets audacieux afin d'assouvir son amour profond pour les Champs-Élysées.

Les galeries commerciales innovées par Rosenthal sont conçues, dit-on, d'après celles ouvertes au Palais-Royal avant la Révolution. Aux Champs-Élysées, elles offrent l'avantage de doubler le nombre de magasins ainsi que la surface des vitrines. Très vite, le point de saturation est atteint ; il ne permet plus de donner satisfaction aux nouveaux venus.

En construisant les Arcades du Lido en 1926, Léonard Rosenthal souhaitait que sa première galerie apporte aux Champs-Élysées un faste digne de celles du Palais-Royal. Le majestueux passage éclairé par de vastes verrières se nomme, depuis le départ du cabaret, les Arcades des Champs-Élysées. Il a beaucoup perdu de sa superbe au fil des années. Les commerces de semi-luxe installés au centre de la galerie en diminuant l'espace lui ôtent toute majesté.

Rénovée, la galerie 79-Champs-Élysées met en valeur un bel escalier à double révolution. Son entrée, rue Quentin-Bauchard, donne accès au dancing Mimi Pinson en sous-sol. Autres galeries commerciales, Le Point Show au n° 66 ; la Galerie des Champs, au n° 74, ex-immeuble de la Pan Am, une concentration de cent quarante-quatre magasins, de cinémas, de restaurants-discothèques sur sept mille mètres carrés ; la Galerie du Claridge animée par la curieuse horloge à eau a disparu depuis l'installation d'une Fnac qui occupe, désormais, tout le sous-sol ; l'attrayante galerie Élysée 26, avec son patio arboré ; Élysée Rond-Point, à l'intérieur de l'immeuble qui fut longtemps le siège du *Figaro*.

Ces centres commerciaux n'ont pas tous le même succès. Certains finissent par se transformer en un grand complexe commercial à l'exemple de Virgin Megastore qui occupe, ainsi que le Monoprix, l'immeuble de l'ancienne National City Bank of New York. Virgin a hérité des grands volumes intérieurs, de son escalier monumental, mais aussi de la porte de sa chambre forte qui ne pèse pas moins de quarante tonnes.

Deux grandes marques françaises d'automobiles ont pensé que la fin justifiait les moyens mis en œuvre pour retenir à déjeuner ou à dîner les visiteurs de leur hall d'exposition. Citroën, avec sa mangeoire Hippo, Renault avec l'Atelier, offrant, outre son restaurant, un « espace événementiel », et un coin réservé à la presse, où quotidiens, hebdos, magazines français et étrangers sont mis à disposition.

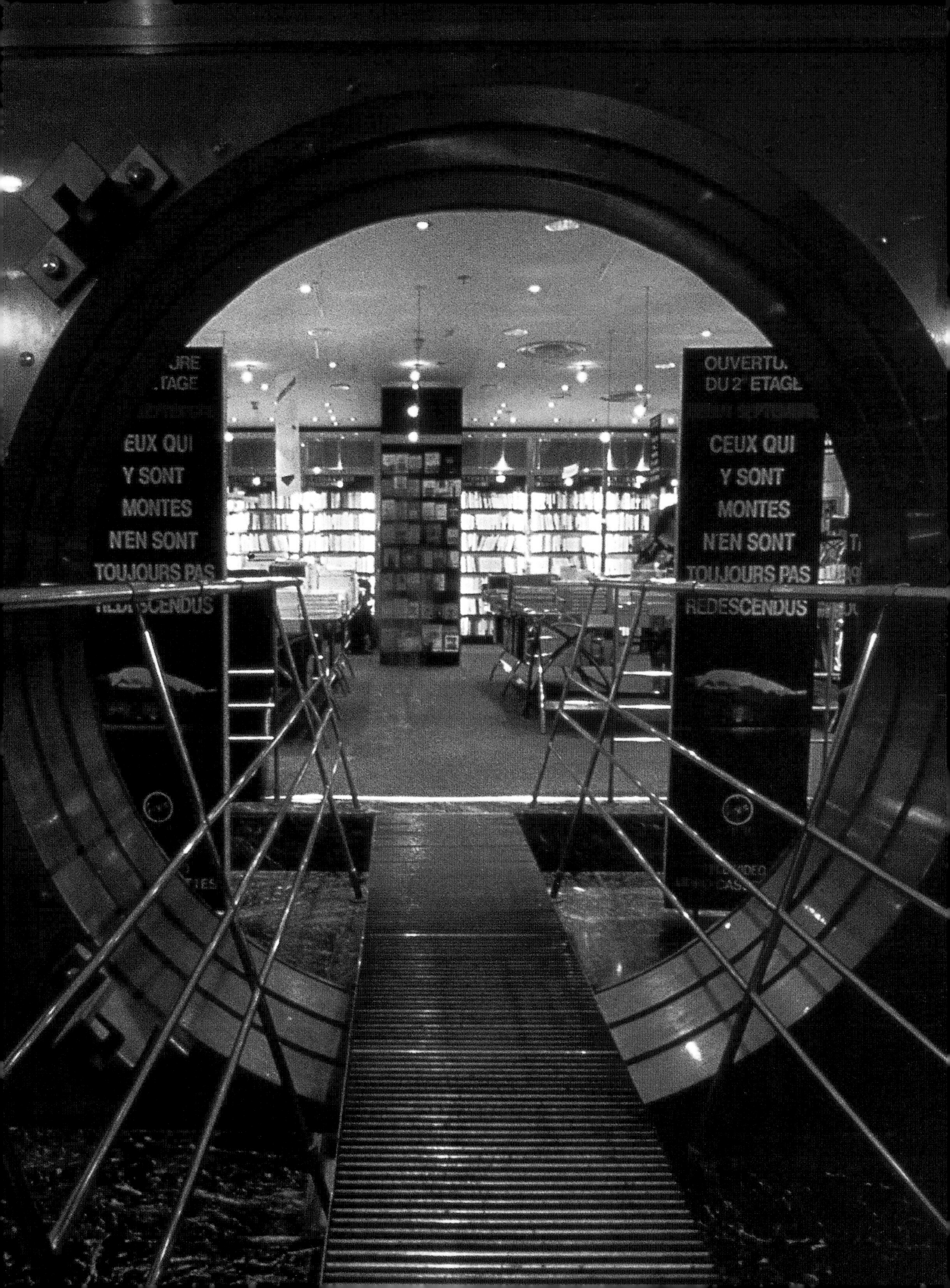
CEUX QUI
Y SONT
MONTES
N'EN SONT
TOUJOURS PAS
REDESCENDUS

LE LIDO DES CHAMPS. Directeur du Casino de Paris et du théâtre Marigny en 1936, Léon Volterra achète le Lido. En 1946, il en confie la direction artistique à Pierre Louis-Guérin, connu pour son expérience des spectacles de cabaret. Le nouveau responsable veut étoffer ses dîners-spectacles en présentant des revues. Des travaux pour l'aménagement d'une scène plus importante sont entrepris. Le 20 juin 1946, Pierre-Louis Guérin présente un spectacle avec huit girls et quatre boys. Ces premières représentations annoncent les prémices d'une nouvelle formule qui fera la fortune du Lido. Le producteur René Fraday, associé à la direction du cabaret en 1947, engage de nouveaux travaux pour la construction de la piscine et d'une piste de patinage, l'agencement d'un rideau de pluie autour de la piste de danse, artifices destinés à créer une fantasmagorie, pour ce lieu qui ne ressemble à aucun autre. Désormais, le succès est assuré par le passage de vedettes et de numéros internationaux, parmi lesquels : Laurel et Hardy, Cab Callaway, Shirley MacLaine, Samy Davis Junior. Les grands du show-business ne passent pas à Paris sans se produire sur la scène du Lido. L'arrivée des Bluebell Girls, corps de ballet d'une précision métronomique, accompagne désormais les spectacles dont l'invention fabuleuse est unique à Paris. Altesses royales et princières, personnalités du monde politique, artistique et littéraire, viennent retrouver dans ce lieu magique « la douce insouciance » du poète.

Les frères Clérico, nouveaux maîtres du Lido, trouvent leur cabaret trop à l'étroit pour la réalisation de leurs projets grandioses. Ils quittent les arcades et construisent un Lido nouveau au 116 bis de l'avenue, dans l'immeuble du cinéma Normandie.

Sur une surface de cinq mille mètres carrés, ils bâtissent une salle de mille deux cents places, avec mise à niveau de la scène, actionnée par un système de vérins ; aménagent des coulisses immenses rejoignant la rue Lord-Byron ; mettent en place un équipement scénique perfectionné manœuvré par trente-cinq machinistes ; creusent une piscine contenant cent cinquante mètres cubes d'eau ; créent une cascade géante débitant mille deux cents litres à la minute ; une piste de glace noire, des dessous de scène sur quinze niveaux. Une régie de haute technicité commande les quatre plateaux ainsi que la piste tournante et le son stéréophonique. Installation complexe digne de celle de l'Opéra de Paris. Quelques années de travaux gigantesques seront nécessaires avant son inauguration le 29 mars 1977. Le Lido, phénix des cabarets, renaît de ses cendres, et reprend ses revues ébouriffantes de panache de « truc en plumes » et de fantaisie. Après un demi-siècle, il maintient la tradition des shows internationaux de renommée universelle dont le succès ne semble pas devoir s'épuiser.

LES DESSOUS TROUBLANTS DES CHAMPS. Au début des années 1880, la population de Paris dépasse pour la première fois les deux millions d'habitants. Paris ne s'est pas encore doté comme Berlin, Budapest, Vienne ou New York d'un chemin de fer souterrain ; aussi, en 1895, l'approche de l'Exposition universelle rend-elle urgente l'organisation des transports urbains de la capitale. Le projet du métropolitain est approuvé par le conseil municipal en juillet 1897. Le premier chantier, pour la construction de la ligne nᵒ 1, porte Maillot-porte de Vincennes [61], s'ouvre en 1898. Cette première ligne empruntera le sous-sol des Champs-Élysées. Cinq stations seront ouvertes sur l'avenue : Étoile (maintenant Étoile-Charles de Gaulle), Alma (devient George-V, en 1920), Marbeuf-Rond-Point-des-Champs-Élysées (après-guerre, Franklin D.-Roosevelt), Champs-Élysées (Champs-Élysées-Clemenceau en 1929), et Concorde.

Pendant près de deux ans, les travaux vont fortement perturber la vie en surface des Champs-Élysées. Le percement des galeries impose la déviation des conduites d'eau, de gaz et d'électricité, retardant les travaux de terrassement. Place de l'Étoile, la voûte s'effondre, un soir, sur plus de cinquante mètres, enfouissant arbres et becs de gaz sous l'œil effaré des passants. Les commerçants de l'avenue se déclarent sinistrés car la circulation rendue difficile n'incite pas les flâneurs au lèche-vitrine.

Inaugurée le 19 juillet 1900, la ligne nᵒ 1 sera connectée à six lignes différentes, ainsi qu'à la ligne A du réseau express régional (RER), puis au réseau Éole.

Hector Guimard [62], en charge des accès aux stations des premières lignes, propose une série d'entrées qui, grâce à de multiples combinaisons d'éléments préfabriqués, s'adaptent à tous les sites. Elles se composent, en général, d'une balustrade en fonte ornée de feuilles comportant la lettre M, reposant sur un socle de pierre.

Fortement marqué par l'Art nouveau, dont Guimard est l'un des maîtres incontestés, ces entrées répondent au goût du jour. Elles disparaîtront peu à peu, au fil des années, en fonction de la modification de l'environnement et des critères esthétiques de l'époque. Les plus belles subsistant encore sont inscrites à l'Inventaire des monuments historiques.

Haussmann désirait faire entrer le bois de Boulogne dans Paris, en ouvrant une voie large et somptueuse entre le Bois et les Champs-Élysées. Jean-Charles Alphand, administrateur des promenades de la capitale, répond au vœu de son préfet en créant, en 1854, une avenue de cent vingt-cinq mètres de largeur – cinquante-cinq mètres de plus que celle des Champs-Élysées – bordée de pelouses et plantée d'arbres par le paysagiste Barillet-Deschamps. Hittorff, qui dirige les travaux d'aménagement de l'Étoile, demande que soit pratiqué un léger rétrécissement des derniers mètres afin de respecter une certaine unité au débouché des avenues sur la place. Nommée avenue de l'Impératrice, puis avenue du Bois-de-Boulogne, on lui donne le nom d'avenue Foch en 1929.

Au début de l'avenue Foch, la station de métro Dauphine possède une entrée couverte dont la structure en fonte moulurée soutient une verrière débordant largement sur les côtés. Magnifique pièce, unique à Paris, on l'appelle la « libellule », tant sa forme rappelle la silhouette de l'insecte aux ailes déployées. Artisan de la grande avenue, Jean-Charles Alphand n'aurait, sans doute, pas renié la structure élégante et gracieuse d'Hector Guimard, signalant l'entrée du chemin de fer souterrain, ce métro dont Paris va se doter à l'aube du XXᵉ siècle.

LES CHAMPS DU LUXE ET DE LA VOLUPTÉ. Le parfumeur Jacques Guerlain quitte, en 1900, le magasin ancestral de la rue de Rivoli, où se situe actuellement l'hôtel Meurice, pour s'installer aux Champs-Élysées. Retour aux sources puisque Pierre-François-Pascal Guerlain, fondateur de la dynastie, parfumeur réputé sous le règne de Charles X, fournisseur de la cour sous le second Empire, avait implanté sa première usine à la barrière de l'Étoile, encore champêtre en 1828. En offrant à l'impératrice Eugénie le premier flacon d'une eau de toilette baptisée *Champs-Élysées*. Ses fragrances fameuses, bientôt connues dans toutes les cours d'Europe, renforcent le prestige de l'avenue et sa réputation de vitrine des articles de luxe de Paris.

C'est à Charles Mewes [63], l'architecte le plus réputé de la place, que Jacques Guerlain demande en 1913 de construire son immeuble sur l'avenue. Mewes, architecte de l'hôtel Ritz, réalise un bel édifice de trois étages de facture assez classique auquel les bow-windows d'acier apportent une note moderne. Au salon de beauté, installé, en 1938, par Guerlain au-dessus du magasin, les belles du jour et d'hier prennent un bain de jouvence dans le décor signé Jean-Michel Franck et Christian Bérard.

La façade de l'immeuble, classée à l'inventaire du patrimoine historique de la Ville de Paris est, avec celle de l'immeuble Vuitton, l'une des plus représentatives de l'architecture du début du XXᵉ siècle qui subsiste encore sur les Champs-Élysées.

CI-CONTRE ET CI-DESSUS

Tradition oblige, Carven a succédé à Poiret au Rond-Point des Champs.
Mais la haute couture s'est plus spécialement repliée dans les parages
des Champs-Élysées, où sont installés boutiques de luxe et grands palaces.
Dans le « triangle d'or », les créateurs veillent jalousement sur leurs ateliers
en abandonnant à l'Avenue le prêt-à-porter.

CI-DESSUS ET CI-CONTRE

*Au XIXᵉ siècle, la parfumerie Guerlain était déjà présente aux Champs-Élysées,
son usine était implantée près de l'Étoile. En 1913, Jacques Guerlain faisait
construire par Charles Mewes, l'architecte de l'hôtel Ritz, un immeuble de trois
étages dont la façade aux bow-windows d'acier est aujourd'hui classée.
Au rez-de-chaussée, le magasin, sorte de salon, présente les grands parfums
qui ont fait la réputation de Guerlain. Au-dessus, un institut de beauté,
décoré par Jean-Michel Franck et Christian Bérard, est installé depuis 1938.*

CI-DESSOUS ET CI-CONTRE
*Paul Poiret, installé avenue d'Antin (avenue Franklin D. Roosevelt),
près de Saint-Philippe-du-Roule avait, dès 1909, entraîné la haute couture
vers les Champs Élysées. En 1924, le couturier optait pour le Rond-Point,
et complétait là son royaume avec deux nouveaux magasins : un pour les parfums,
l'autre pour la décoration. En créant « la grande nuit de la mode », pour inaugurer
ses installations nouvelles, Poiret invite ce soir-là ses amis à défiler, en portant des
lanternes vénitiennes, de son ancienne maison de la rue du Faubourg Saint-Honoré,
à sa nouvelle adresse du Rond-Point.*

Les Champs-Élysées

CI-CONTRE

*Depuis près d'un siècle, Renault expose ses automobiles dans ses halls
au 53 avenue des Champs-Élysées – modèles de son musée ou voitures récentes
sorties des usines de Billancourt. L'élégante vitrine du magasin en 1911.*

DOUBLE PAGE SUIVANTE

*Conduite intérieure ou décapotable, la Vivastella Renault, avec son moteur
six cylindres et ses trois places par banquette, a été l'événement du Salon
de 1934. Voiture puissante et élégante, elle faisait l'admiration
des visiteurs du hall Renault des Champs-Élysées.*

Georges Vuitton succède à son père en 1892. Louis, fondateur et chef d'une famille de manufacturiers malletiers créateurs de bagages adaptés aux voyages au long cours, comme Jacques Guerlain, a pressenti l'évolution du quartier des Champs-Élysées, et l'attrait qu'il allait exercer sur la clientèle internationale aisée. Tous deux, pionniers du commerce de luxe, viennent fortifier l'éclat des halls d'exposition des automobiles les plus prestigieuses exposées sur l'avenue. Georges Vuitton et son fils Gaston demeurent très attentifs aux progrès de l'automobile – ils soupçonnent promptement la place qu'elle occupera dans les loisirs futurs. Ils collaborent avec les constructeurs, fabriquent l'une des premières malles arrière de voitures de luxe – celle en vache noire, pour l'Hispano-Suiza, est un modèle du genre – conçoivent la boîte à outils du chauffeur, le lavabo à l'arrière de l'auto pour un brin de toilette à l'étape, et des dizaines d'accessoires propres à rendre plus aisés les déplacements en automobile.

André Citroën vient consulter leur usine pour certains aménagements spéciaux en prévision des randonnées en automobile qu'il organise en Afrique. Le constructeur savait-il qu'avant lui, Pierre Savorgnan de Brazza [64] avait commandé à Vuitton une série de malles en zinc, pour ses explorations du bassin de l'Ogooué et de celui du Congo ?

Cependant, pour les voyages moins aventureux, les Vuitton proposent un bagage, l'Aviette, mallette pouvant contenir dans des cases appropriées : 2 vêtements, 1 pardessus, 3 caleçons, 6 paires de chaussettes, 3 gilets, 10 chemises, 12 mouchoirs, 1 paire de chaussures, 2 chapeaux, 18 faux cols, cravates, gants, etc. ; l'Aviette ne pèse que vingt-huit kilos. Les curieux s'extasient devant la vitrine des malletiers où sont exposés nécessaires et trousses de toilette, boîtes à bijoux et à chapeaux, porte-habits et malles-bureaux. Fournisseur de clients prestigieux et de célébrités, l'empereur du Japon, Hirohito, le prince Youssouf Kémal d'Égypte, le maharadjah de Baroda, le maharadjah du Kashmir, Calouste Gulbenkian, mais aussi Jeanne Lanvin, les Vanderbilt, Mary Pickford, Douglas Fairbanks, Sacha Guitry et Yvonne Printemps, Georges et Gaston Vuitton sont très demandés. On leur demande de venir satisfaire les commandes de gros clients dans des palaces de villes d'eaux, et dans les lieux de villégiatures les plus huppés d'Europe.

Leur magasin des Champs-Élysées demeure la plaque tournante de leurs activités, l'adresse renommée où l'on vient de partout admirer leur génie créatif et la perfection de leur travail.

CI-CONTRE
Le Renault Neria grand sport coupé exposée dans le magasin en 1937.
DOUBLE PAGE SUIVANTE
Le hall Citroën ne glorifie pas seulement ses DS, mais une reine.
Du 8 au 11 avril 1957, S.M. Elisabeth est l'hôte de Paris. Pour la circonstance,
les Champs-Élysées sont aux couleurs de l'Union Jack, hommage à la souveraine
montant en voiture les Champs-Élysées vers l'Arc de triomphe, pour déposer
une gerbe sur la tombe du Soldat inconnu.

*Le 15 mai 1914, Vuitton
inaugurait son installation
au n° 70 de l'avenue.
Le malletier s'était réservé le
rez-de-chaussée, où sa vitrine,
suivant la saison, évoque
sports et voyages. Jenny
avait installé dans les étages
ses ateliers de couture,
aménagés par l'architecte
Mallet-Stevens. Rénové puis
classé, le bâtiment construit
par Bigot, architecte qui,
avec Mewes, avait participé
à la construction du Ritz,
abrite aujourd'hui
l'hôtel Mariott des Champs-
Élysées. La parfumerie
Sephora occupe le magasin.*

C'est au rez-de-chaussée d'un nouvel immeuble de sept étages construit, lui aussi, par Mewes, au 70 de l'avenue, que Vuitton ouvre son nouveau magasin. Les étages supérieurs étant occupés par les ateliers et les salons de la couturière Jenny, aménagés dans le style Art déco par l'architecte Mallet-Stevens. C'est elle qui inaugure les premiers défilés de haute couture en musique.

Après la dernière guerre, la mutation de la clientèle des Champs-Élysées entraîne les commerces de luxe à émigrer vers d'autres quartiers, cédant la place à un nombre croissant de cinémas et de brasseries. Les clients importants n'appréciaient pas ces autocars déversant, chaque jour, des centaines de touristes sur des trottoirs mutilés par les contre-allées envahies de voitures. Cette anarchie conduit Gaston Vuitton à s'établir dans un lieu plus calme, mieux adapté au goût de ses clients. Installé avenue Marceau, près de l'Étoile, son choix s'avère judicieux puisque, très rapidement, son nouveau magasin reçoit les célébrités du monde de la politique, du show-business, ainsi que l'élite cosmopolite.

Les nouveaux aménagements, la suppression des contre-allées au profit des terrasses paysagées, la double rangée de platanes redonnent à l'avenue son caractère de devantures. La jugeant désormais conforme au prestige de sa maison, Vuitton procède alors à un impressionnant retour aux sources sur les Champs-Élysées dans l'immeuble fameux qui fait face au Fouquet's.

Totalement restauré en 1995, l'édifice construit en 1931 a conservé sa façade, classée par le Patrimoine. Vuitton ne pouvait rêver meilleure adresse pour sa nouvelle installation. L'arrivée du malletier marque le retour de l'avenue à sa vocation première, de luxe et d'élégance. Le pâtissier Ladurée revient après un siècle ; l'ouverture prochaine de Cartier, annexe du joaillier de la rue de la Paix et de la place Vendôme, confirme le statut prestigieux de l'avenue.

La métamorphose des Champs-Élysées, engagée par les édiles de la capitale, contribue à leur restituer leur place primitive dans un Paris où ils exercent un pouvoir indiscutable de séduction et de fascination.

CI-CONTRE ET CI-DESSOUS

Avec une centaine de boutiques, la confection occupe, en 1950, une place privilégiée sur l'avenue. Certains commerces de luxe se trouvent noyés dans un grand nombre de magasins, et préfèrent s'éloigner des Champs-Élysées qui, dans l'après-guerre, n'ont pas encore retrouvé leur prestige d'antan. Vuitton déserte et s'installe avenue Marceau. Ainsi a disparu le joli magasin dominé par sa mezzanine, son mobilier des années 20, et ses vitrines célèbres pour l'exposition de leurs bagages élégants.

DOUBLE PAGE SUIVANTE

La mode du Yo-Yo faisait fureur en 1931, ce double disque en bois qui descend et remonte comme par magie le long de son fil, passionnait petits et grands. On jouait au Yo-Yo dans la rue, sur la plate-forme de l'autobus, à la terrasse des cafés, avec plus ou moins d'adresse. Vuitton s'était assuré les services d'un champion pour exécuter des démonstrations du maniement du gadget à la mode.

LOUIS VUITTON
LA MALLE ARMOIRE DE
"LOUIS VUITTON"
"DOLLAR
1926

CI-DESSOUS ET CI-CONTRE

Défilé de mode au restaurant des Ambassadeurs,
dans les jardins des Champs-Élysées, en 1954.
Chasse gardée : un boxer veille sur le modèle new look.
Une robe de printemps de chez Givenchy, 1952.

*Place de la Concorde, Marie-Hélène Arnaud, mannequin vedette
de Chanel, apporte la touche haute couture à la « Floride » décapotable
de Renault lancée en 1959, saluée par les tritons de la fontaine des mers.
Mannequin en* total look *argenté de chez Durer en 1966.*

LE GRAND THÉÂTRE DES BORDS DE SEINE. Il avait été question de bâtir le théâtre des Champs-Élysées sur l'avenue même, à l'emplacement de l'ancien Cirque d'été disparu en 1892. Les défenseurs des jardins, en s'y opposant, eurent raison du projet. C'est donc avenue Montaigne que les architectes Roger Bouvard et Henry Van de Velde[65], puis les frères Perret[66], durent se replier pour construire l'édifice.

Choqué par le caractère massif, « à l'allemande », du théâtre, Forain le baptise « le Zeppelin de l'avenue Montaigne ». Lignes droites, rythmes géométriques, volumes dépouillés, sont, en effet, loin du Modern Style et de ses arabesques si chères aux Parisiens. Plus près de l'antique que du ballon dirigeable, le bâtiment, d'une élégance froide, s'insère, sans dommage, parmi les immeubles cossus de son voisinage.

Son ouverture, le 31 mars 1913, marque le début d'une suite de créations de ballets, insolites pour l'époque, dont la musique et la chorégraphie déconcertent. Certaines représentations se déroulent dans une atmosphère si hostile que l'enthousiasme délirant des admirateurs ne peut couvrir le concert de sifflets, ni l'avalanche de quolibets de leurs détracteurs.

Serge de Diaghilev et les Ballets russes ouvrent la saison, le 29 mai suivant, avec *Le Sacre du printemps* d'Igor Stravinski. Rolf de Maré, ses Ballets suédois, et le chorégraphe Jan Börlin, présentent en 1920 : *Iberia* d'Isaac Albéniz dans les décors d'Alexandre Steinlen, ainsi que le *Tombeau de Couperin* de Maurice Ravel ; en 1921, *Les Mariés de la tour Eiffel* de Jean Cocteau sur des musiques du groupe des Six, et *La Boîte à joujoux*, de Claude Debussy ; en 1922, *La Création du monde*, de Blaise Cendrars et Darius Milhaud, dans un décor de Fernand Léger. Enfin, les Ballets russes produisent en 1924 *Les Biches*, de Francis Poulenc, décor de Marie Laurencin, chorégraphie de Bronislava Nijinska.

S'ouvrent alors les représentations d'un « Opéra Music-Hall », dont la *Revue Nègre*, en 1925, révélera les talents multiples de Joséphine Baker, tandis que Mistinguett, meneuse de revues du Casino de Paris et des Folies-Bergère, anime en 1927, quelques-uns des grands spectacles de variétés.

Après-guerre, en 1948, le marquis de Cuevas[67] présente des ballets traditionnels, tandis que Roland Petit lance sa troupe des Ballets des Champs-Élysées auxquels collaborent le poète Jacques Prévert et le musicien Joseph Kosma.

Le promoteur de cette salle prestigieuse, Gabriel Astruc, critique et organisateur de concerts, la vouait à l'art lyrique. Après ces années consacrées au music-hall, elle retrouve sa vocation première en accueillant : concerts symphoniques, récitals, opéras, interprétés par les plus grands artistes internationaux : Furtwängler, avec l'Orchestre philharmonique de Berlin en 1929, Richard Strauss, Toscanini, Karajan, Abbado, Giulini, Celibidache ; les meilleurs spécialistes de musique de chambre ; les solistes les plus illustres : Horowitz, Rubinstein ; ainsi que les vedettes du chant : Pavarotti, Carreras, Domingo, Tebaldi, Callas, Schwarzkopf, Berganza, et plus récemment, Bartoli...

Les architectes, les décorateurs, les peintres et les sculpteurs les plus représentatifs de l'art de ce début du XXe siècle collaborent à la réalisation de l'édifice. Auguste et Gustave Perret, responsables de la façade, et de l'emploi, pour sa construction, d'un matériau nouveau, le béton, lui doivent leur célébrité. L'architecte Henry Van de Velde, responsable de l'ensemble des travaux du théâtre, leur en disputera la paternité.

Antoine Bourdelle crée pour la façade des bas-reliefs et décore l'atrium, tandis que l'ornementation de la salle de spectacle et des salons est l'œuvre des peintres Maurice Denis, Jacqueline Marval, et Henri Lebasque ; René Lalique signe les luminaires.

Jacques Hébertot, directeur de la Comédie et du Studio des Champs-Élysées, accueille, à la Comédie, la compagnie de Georges Pitoëff, en 1922. Louis Jouvet s'y fera remarquer dans *Knock ou le triomphe de la médecine* et *Monsieur le Trouadec saisi par la débauche* de Jules Romains.

Prenant ensuite la direction de la salle en 1924, Louis Jouvet y inaugure sa rencontre avec Jean Giraudoux en montant *Siegfried* puis *Intermezzo*. Après-guerre, les pièces de Jean Anouilh et de Marcel Aimé feront les beaux soirs de la Comédie des Champs-Élysées. Quant au Studio, petite salle de deux cents places, elle est surtout consacrée au théâtre d'essai.

En 1986, au cours de la réhabilitation du Studio, un espace, le Drouot-Montaigne, a été aménagé spécialement pour accueillir les ventes aux enchères publiques de prestige.

Quant au restaurant panoramique coiffant désormais l'édifice, il s'est imposé auprès de la clientèle élégante du triangle d'or, en dépit des virulentes contestations soulevées lors de son inauguration.

CI-CONTRE ET DOUBLE PAGE SUIVANTE
Recouverte de marbre, la façade de béton du théâtre des Champs-Élysées
des frères Perret, ornée d'un fronton composé de trois bas-reliefs d'Antoine Bourdelle,
ne manque pas de noblesse. La Comédie des Champs-Élysées s'inscrit
dans la partie droite de l'édifice.

Les Champs-Élysées

*Le théâtre des Champs-Élysées
a accueilli la troupe de Georges
Pitoëff en 1922 ; Louis Jouvet
y fut l'interprète du* Docteur
Knock *de Jules Romains.
Des pièces de Jean Giraudoux,
de Jean Anouilh, de Marcel
Aymé ont été créées dans
cette salle, dont le foyer s'orne
de compositions
d'Édouard Vuillard.
Consacrée à la musique, la salle
a été inaugurée par les Ballets
russes de Diaghilev, auxquels
ont succédé les Ballets suédois
de Rolf de Maré. En 1925, Paris
y découvre Joséphine Baker
dans la* Revue nègre, *puis
le théâtre des Champs-Élysées
retrouvera la destination à
laquelle le vouait son promoteur :
avec des concerts de grands
orchestres internationaux,
dirigés par les chefs les plus
fameux. Le soin apporté
à l'agencement et aux différents
détails (escaliers, rampes,
balustrades, éclairage),
les fresques de Maurice Denis
et d'Édouard Vuillard, prouvent
l'importance donnée à la
décoration intérieure du théâtre.
Un espace destiné aux ventes
aux enchères de prestige
est ouvert depuis 1986.
Le Studio, petite salle
de deux cents places à gauche
du bâtiment, se consacre
au théâtre d'essai.*

On a dit que le Claridge's Hôtel avait coûté plusieurs milliards de francs 1900.
Ce n'était pas seulement l'établissement de grand luxe des Champs-Élysées,
mais aussi un hôtel de charme avec un jardin d'hiver, un décor, et un mobilier
d'une élégance rare. Sa piscine était, pour l'époque, une innovation
pour un hôtel parisien. Son entrée, entourée de vitrines de joaillerie,
bijouterie, horlogerie, et d'articles de luxe, respirait l'opulence.

Le Claridge's Hôtel, l'un des trois grands établissements de luxe des Champs-Élysées, a coûté, dit-on, plusieurs centaines de milliards de francs. Célèbre non seulement pour son luxe, mais aussi pour le charme que lui conféraient son jardin d'hiver, sa piscine – une innovation pour un hôtel parisien – , son décor et son mobilier d'une élégance rare.

Typique de l'architecture du début du XXe siècle, sa façade classée offre une harmonie de colonnes, pilastres, moulures, balcons soutenus par des entablements de masques ; sa galerie commerciale, au rez-de-chaussée, a longtemps été l'une des plus animées des Champs-Élysées. La guerre éclate peu de temps après son ouverture. Réquisitionné par la Croix-Rouge et le ministère de l'Armement, puis par un Comité de l'union pour la Belgique et les pays alliés, on ne célébra son inauguration qu'en 1919, après des travaux d'agrandissement. Le Claridge dispose alors de cinq cent soixante-cinq chambres.

Les palaces des Champs-Élysées, en dépit de leur situation privilégiée, de leurs infrastructures, de leur capacité et de leur luxe, n'ont jamais disposé d'une période stable. La crise de 1929 frappe le Claridge enfin dégagé des réquisitions successives. Il survivra jusqu'en 1934, puis fermera ses portes pour ne les réouvrir qu'en 1937, année de l'Exposition universelle de Paris. Le café Le Florian, belle et grande brasserie, occupe alors son rez-de-chaussée. Après la Seconde Guerre mondiale et l'armistice de 1940, il est occupé par les Allemands, puis à la Libération par le Gouvernement provisoire de la France. Les vicissitudes de l'époque, une conjoncture défavorable, ont terni son image de palace international. D'autres établissements de grand luxe lui ont confisqué sa clientèle et, malgré sa notoriété, l'hôtel préféré des Colette, Georges Simenon, Marlène Dietrich, Jeff Kessel, ne retrouve pas, lors de sa réouverture en 1948, sa vogue d'avant-guerre. Le Claridge ferme en 1976, et son mobilier est mis en vente. Quelques nostalgiques s'emparent de ces reliques, témoins de leur passé évanoui.

Dans l'ancien immeuble Vuitton rénové, l'hôtel Paris Marriott Champs-Élysées qui s'établit en 1997 relève le défi hôtelier de l'avenue ; tandis que le groupe Barrière, bien connu pour ses hôtels légendaires, ouvrira dans quelques années, au numéro 46 de l'avenue, un hôtel de grand luxe : le Fouquet's Barrière. Cet établissement de cent chambres et vingt-sept suites – dont la présidentielle de quatre cents mètres carrés, disposera d'une piscine, d'un club de remise en forme, d'un jardin privatif. Son équipement multimédia et sa gestion domotique feront du Fouquet's Barrière le prototype de l'hôtel du futur et le concurrent des plus grands palaces.

Le choix du retour des plus grandes maisons d'articles de luxe, unies à une hôtellerie fastueuse, autoriseront les Champs-Élysées à soutenir, de nouveau, la réputation de « plus belle avenue du monde » que les Français lui donnent.

CHAMPS DE TRIOMPHES ET DE VICTOIRES. Il n'y a pas si longtemps, les équipages de retour des courses d'Auteuil et de Longchamp paradaient sur l'avenue des Champs-Élysées. Le vendredi précédant le Grand Prix de Paris – journée des drags – , les propriétaires des principales écuries, portant le frac, l'habit et la cravate blanche, coiffés du tube de soie grise, se rendaient à l'hippodrome dans des coachs rutilants, attelés de quatre alezans frémissants. Au petit trot, la berline promenait sa cargaison d'élégantes, habillées par Paquin, Worth ou Jacques Doucet[75], coiffées de capelines, de toques emplumées, de chapeaux cabriolets, souriantes sous leurs ombrelles légères. Les curieux accourus sur l'avenue, émerveillés par ce défilé fastueux, admiratifs des beaux équipages, ne revendiquaient que le plaisir de se « rincer l'œil ». Aujourd'hui, le trafic automobile ne permet que rarement l'arrêt de la circulation, sauf pour quelques manifestations populaires exceptionnelles. Dans ce cas, leur retransmission télévisée les érige en événements nationaux.

Ainsi la commémoration du bicentenaire de la Révolution française, ce 14 juillet 1989, à laquelle assistent la plupart des chefs d'État. Dans un grand déploiement d'oriflammes, le défilé militaire impressionnant de rigueur suivi en soirée d'une parade, orchestrée par Jean-Paul Goude sur l'avenue, métamorphosée ce soir-là en scène de music-hall pour une féerie de couleurs et de lumière. Portée par un char, Jessy Norman, drapée dans un drapeau tricolore, chante *La Marseillaise*.

C'est un tout autre exploit, auquel se livrent les jeunes agriculteurs français le 24 juin 1990. Ils métamorphosent les Champs-Élysées en champ beauceron. Plusieurs hectares de blé, plantés entre la Concorde et l'Étoile, pour célébrer la fête des moissons. La vue inimaginable de l'avenue disparaissant sous les blés semble, alors, une image virtuelle. Cette fois-ci, la réalité dépasse la fiction. Henri Monnier[76] aurait été heureux de ce spectacle agreste, lui qui aimait à écrire dans les *Mémoires de Joseph Prudhomme* :

« On devrait bâtir les villes à la campagne, l'air y est plus pur. »

CI-CONTRE

Étonnant défilé du 14 juillet 1989 ; pour célébrer le bicentenaire de la Révolution française, Jean-Paul Goude met en scène un spectacle féerique sur l'avenue des Champs-Élysées, parade à grand spectacle animée par des chars décorés qui auraient étonné plus d'un sans-culotte.

DOUBLE PAGES SUIVANTES

Les Champs... de blé des jeunes agriculteurs français. Le 24 juin 1990, ils transforment l'avenue en paysage beauceron, de la Concorde à l'Étoile. Cette fois, c'est au tour de la campagne d'envahir Paris. Installées en octobre 1992, le long des Champs-Élysées, à l'occasion de l'exposition Les Champs de la sculpture, *les statues de Fernando Botero bénéficient d'un privilège exceptionnel. Une exposition entièrement consacrée à son œuvre sculptée que n'avaient jamais eue Bourdelle, Rodin, ni Maillol.*

Chaque année, fin juillet, le Tour de France achève, sur les Champs-Élysées, sa grande boucle. Dans une ronde infernale, le peloton multicolore des « géants de la route » monte et descend la voie royale dans un bruissement de ruche. Le vainqueur, revêtu de son maillot jaune, reçoit son trophée des mains du maire de Paris. L'épreuve cycliste la plus harassante du monde ne semble pas éprouver le champion qui, dès le lendemain, partira accomplir une série d'épreuves en province, servitudes associées à son exploit.

Plus nombreux au départ qu'à l'arrivée, plusieurs milliers de concurrents du Marathon de Paris se rassemblent chaque année sur l'avenue. Leur envol s'effectue dans un piétinement de légions en marche ; ils réitèrent l'exploit de la course légendaire du vaillant Philippides en 490 av. J.-C, entre Marathon et Athènes. Mais combien seront-ils à avoir couru vraiment les 42 195 kilomètres de l'épreuve ?

Les héros français de prouesses sportives internationales ne manquent jamais leur rendez-vous avec le public des Champs-Élysées. L'ovation de la foule est la consécration de leurs exploits. En 1999, les Bleus, vainqueur de la Coupe du monde de football, ont provoqué une belle ruée d'amateurs du ballon rond sur l'avenue ; la circulation a dû être neutralisée pendant plusieurs heures. Après avoir hurlé leur joie et leur fierté, scandé le nom de leur joueur favori, les supporters, le visage barbouillé de bleu-blanc-rouge, ou drapés dans des drapeaux tricolores, ont célébré dans une ivresse patriotique et footballistique la victoire de l'équipe de France.

En remportant la coupe Davis de 2001, le tennis français s'est à nouveau hissé au plus haut niveau des sports nationaux. Propulsés sur les Champs-Élysées, les joueurs, hissés sur leur voiture, tendaient à la foule venue les acclamer le glorieux saladier d'argent, objet de convoitise du tennis mondial, maintenant jalousement conservé à Paris après son exil australien.

LES MÉTAMORPHOSES D'UN LIFTING. L'action entreprise par le comité et les riverains des Champs-Élysées auprès des édiles de la capitale sur l'urgence d'une rénovation totale de l'avenue des Champs-Élysées, couronnée de succès en 1994, atteste la volonté de protéger l'avenue contre l'incurie et le laxisme. Cette détermination n'est pas nouvelle dans l'histoire de l'avenue.

Déjà, en 1860, les riverains engageaient, en coopération avec la Ville, la réalisation de travaux de première nécessité : branchement aux égouts, création de trottoirs en dur, ou installation d'un éclairage urbain. Plusieurs aristocrates fortunés, ayant pignon sur rue, s'associèrent et engagèrent des initiatives privées, formant une sorte de comité de sauvegarde occulte.

En 1916, ces propriétaires se groupèrent au sein d'une association à but non lucratif, avec pour but de protéger la perspective de l'avenue. Les administrateurs du tout premier comité, parmi lesquels on relève notamment le nom des membres de la famille Vuitton, n'ont cessé d'œuvrer pour sa sauvegarde. Roland Pozzo di Borgo, président du comité jusqu'à sa mort récente, aura été l'un des principaux artisans du renouveau des Champs-Élysées.

En 1918, dans l'euphorie de la victoire, on envisagea de débaptiser l'avenue pour lui donner le nom de Clemenceau[77]. Le comité se mit alors en campagne pour que l'on trouve un autre lieu pour honorer le « père de la victoire ». Si, dans les principales villes françaises, des rues portent son nom, Paris, en revanche, ne se montre guère reconnaissante envers Clemenceau. La Ville lui a octroyé, en 1932, l'espèce de carrefour au pied du Petit Palais, où se dresse sa statue par Cogné. Le sculpteur a hissé Clemenceau sur un rocher, dans sa tenue de campagne. L'air bougon, déçu peut-être, lorgnant vers les Champs-Élysées.

Dans les années 1920-1925, il ne faudra pas moins de cinq années aux associations de sauvegarde pour obtenir la suppression des « précieux édicules », ainsi que de diverses constructions défigurant l'avenue ; sept ans, pour le remplacement, en 1930, des pots à feu par des lampadaires, ainsi que l'éclairage des refuges.

En 1931, on considérait les pavés de bois comme un revêtement de luxe pour la chaussée des Champs-Élysées. Mais il faudra vite déchanter devant les nombreux accidents provoqués par leur surface glissante par temps de pluie, et par les taches d'huile des automobiles. En 1938, après une campagne de presse frondeuse, les deux millions et demi de pavés de bois sont remplacés par quatre millions de cubes de granit.

La rénovation entreprise en 1994 est beaucoup plus ambitieuse et plus complète. Il s'agit de redonner aux Champs-Élysées leur caractère de promenade, sans nuire au développement commercial de l'avenue. La construction de parcs souterrains pour les voitures permet la suppression des contre-allées, au profit d'une double rangée de platanes. Ces aménagements, brillamment conçus par l'architecte et urbaniste Jean-Michel Wilmotte, donnent satisfaction aux flâneurs, et n'altèrent pas le dynamisme de ceux qui y travaillent. Ils autorisent un épanouissement des activités et des loisirs.

Ainsi le lourd cahier des charges a-t-il comporté un grand nombre de restrictions et de contraintes concernant, notamment, la voirie, le mobilier urbain, l'évacuation des ordures et des déchets des cafés-restaurants, l'alignement des terrasses de cafés, et l'unification des formes et des couleurs de leurs auvents. Une réglementation très stricte concerne désormais l'installation des enseignes publicitaires et lumineuses, l'éclairage urbain, l'aménagement de contre-terrasses d'été fleuries sur les trottoirs, enfin la protection et le classement à l'Inventaire supplémentaire des Monuments historiques d'une demi-douzaine des façades les plus représentatives de l'époque faste des Champs-Élysées (immeubles du Poste Parisien, ceux de Guerlain et de Vuitton, de la Galerie du Lido, de la Maison de France, l'ex-Élysée Palace, l'hôtel particulier de Santiago Drake del Castillo).

Cette réhabilitation, conforme aux vœux des Parisiens, n'est pas toujours respectée ; ainsi le sol est-il souillé et dégradé par une espèce nouvelle de ruminants jetant leur chewing-gum sur le nouveau dallage des trottoirs. Le nettoyage des quarante-trois mille cinq cents mètres carrés de ce granit du Tarn s'effectue la nuit au Kärcher (la raclette d'autrefois est inefficace). Sans ce décapage régulier, nos chaussures resteraient engluées dans la pâte à mâcher (près d'une tonne par an), nous privant de « remonter les Champs-Élysées », allègrement et à pied.

CI-CONTRE
L'éclairage nouveau de l'avenue a fait l'harmonisation entre les candélabres à double crosse de Jean-Michel Wilmotte et les lampadaires de Hittorff.
DOUBLE PAGE SUIVANTE
Un grand établissement bancaire a remplacé l'Élysée Palace hôtel. Le dallage contemporain en granite des trottoirs se marie brillamment avec la façade Belle époque.

CI-DESSOUS ET CI-CONTRE

Les candélabres à double crosse, ainsi que l'ensemble du mobilier urbain de l'avenue, ont été conçus
par Jean-Michel Wilmotte. Depuis la rénovation des Champs-Élysées, un règlement très strict
régit l'installation de kiosques, colonnes Morris, Abribus, et banni la publicité intempestive.
L'ancien Renault Pub rénové est devenu L'Atelier Renault », espace événementiel avec hall d'exposition,
restaurant (ouvert jusqu'à 2 heures du matin), coin réservé à la presse (quotidiens, hebdos,
magazines français et étrangers). Ce lieu, avec son restaurant sur passerelles, meublé par Bertoia
et Hammoutène, est devenu un des lieux phares de l'avenue.

VIVRE LES CHAMPS-ÉLYSÉES. Ville dans la ville, on pourrait vivre à Paris sans quitter les Champs-Élysées. Entrer dans une des nombreuses salles de cinéma, après un déjeuner au Copenhague, dans le nouveau décor très design du rez-de-chaussée ; danser un tango ringard au Mimi Pinson, fouiner à la Fnac ou chez Virgin, à la recherche d'un disque rare de Miles Davis ; convoiter les voitures immobiles, superbes dans leur écrin fleuri, ou rêver un instant devant les vitrines d'Air France exaltant des édens lointains et voluptueux.

Oublions ces paradis improbables pour lécher les vitrines des galeries marchandes ; choisir entre la cravate club, ou le nœud papillon à pois ; hésiter entre le blue-jean ou le pull marine ; acheter les boots noirs plutôt que les mocassins havane. Puis boire un verre au bar de l'escadrille du Fouquet's, avant de dîner d'une choucroute à l'Alsace.

En musardant, descendre jusqu'aux jardins, ignorer la sonnette impatiente du théâtre Marigny marquant la fin de l'entracte. Là-bas, on s'engouffre sous la marquise au néon rougeoyant.

Les premières gouttes d'une ondée vernissent l'asphalte, multipliant à l'infini les halos des réverbères. Le long ruban écarlate des feux arrière des voitures monte vers l'Arc de triomphe. Lave incandescente, elle en redescend, décantée, par la luminescence de myriades de phares. Des autocars achèvent leur *Paris by night*, roulant avec lenteur vers les voluptés du Lido en essuyant d'une main gantée les glaces embuées ; les touristes semblent faire des signes.

L'averse a métamorphosé les Champs-Élysées familiers en une féerie étrange de lumières nimbées ou zigzagantes. Peu à peu, le bruit montant de la chaussée s'apaise. Le calme de la nuit s'installe.

Au bout des Tuileries, derrière le Louvre, une lueur se lève, annonçant un nouveau jour. L'avenue respire enfin. Retenus et cabrés, les chevaux de Marly en ouvrent la perspective, très loin. Un merle siffle le rassemblement des moineaux dans les marronniers du carré Marigny aux feuilles larmoyantes de pluie.

Au Rond-Point, gorgé du parfum lourd des giroflées, les premiers bus mettent à pied d'œuvre secrétaires, employés, vendeuses, et serveurs. Trottant vers l'avenue, ils se hâtent d'aller éveiller la belle endormie qui s'est assoupie bien tard, encore une fois.

DOUBLE PAGE SUIVANTE

Le retour de Ladurée en 1997 confirme la tendance du renouveau des enseignes de luxe aux Champs-Élysées.
Dans un décor Napoléon III conçu par Jacques Garcia, rappelant son établissement de la rue Royale,
le pâtissier ouvre une succession de salons de thé-restaurants où le raffinement du service est digne d'une maison
patricienne du second Empire. Au rez-de-chaussée, Ladurée présente sa gamme gourmande de pâtisseries
et de chocolats, comme jadis lorsqu'il occupait le petit magasin du n° 56 de l'avenue.

Vuitton triomphe. Son départ dans les années 50 confirmait le débût d'un certain
délabrement des Champs-Élysées. Son retour en 1997, et la restauration
de ce magnifique immeuble Art déco, témoigne du renouveau de l'avenue
et de la pérennité de sa mission vouée au luxe et à l'opulence.

NOTES

1. Guillaume Coustou (1677-1746), sculpteur, élève de Coysevox, auteur du *Mercure* et de la *Renommée*, placés de chaque côté de la grille d'entrée des Tuileries.

2. Victor Hugo (1802-1885), *in Choses vues*, Imprimerie nationale 1913.

3. Muhammad Ali (1769-1849), fondateur de la dynastie qui régna en Égypte jusqu'en 1952.

4. Jean-Baptiste Lebas (1797-1860), ingénieur du génie maritime, amena l'obélisque de Louxor en France et l'érigea sur la place de la Concorde.

5. Paul Morand, in *Nocturne parisien*, *Le Réveil matin*, Grasset, 2001.

6. Jacques Ignace Hittorff (1792-1867), architecte, élève de Percier. Les places de la Concorde et de l'Étoile ont été aménagées sous sa direction.

7. Jean-Charles Alphand (1817-1891), ingénieur et administrateur, contribua aux aménagements des parcs et jardins de Paris. Auteur des *Promenades de Paris*.

8. *in À la recherche du temps perdu*, par Marcel Proust (1871-1922).

9. Mogador (1824-1909), Élisabeth-Céleste Vénard, puis Mme la contesse de Chabrillan.

10. Henry Bernstein (1876-1953), auteur dramatique français.

11. Colette (1873-1954), *L'Ingénue libertine*; *Œuvres complètes*, Éditions du Club de l'Honnête Homme, 1973.

12. André Le Nôtre (1613-1700), architecte, contrôleur général des bâtiments du roi.

13. Abel François Poisson, marquis de Marigny, puis marquis de Ménars (1727-1781), administrateur français, encouragea la peinture d'histoire.

14. Le pont de Neuilly est l'œuvre de Jean-Rodolphe Perronet (1708-1794), directeur de l'École des ponts et chaussées.

15. Charles Percier (1764-1838), architecte, restaurateur de la colonne Trajanne, organisateur des fêtes nationales sous le règne de Napoléon 1er.

16. Pierre François Léonard Fontaine (1762-1853) architecte, adjoint de Percier, on lui doit le percement de la rue de Rivoli.

17. Louis-Philippe 1er (1773-1850), roi des Français, fils de Philippe Égalité et de Louise-Marie de Bourbon-Penthièvre.

18. Jean-François Chalgrin (1739-1811), architecte du roi et du comte de Provence, il aménagea le Collège de France, s'occupa du chantier de Saint-Sulpice.

19. Nicolas Ledoux (1736-1806), architecte des salines d'Arc-et-Senans et des barrières de Paris, édifices destinés à la perception de l'octroi.

20. Charles Rohault de Fleury (1801-1875), architecte, auteur du Muséum d'histoire naturelle et des serres du Jardin des Plantes.

21. Alexandre Falguière (1831-1900), sculpteur et peintre français.

22. Jean-Pierre Cortot (1787-1843), sculpteur français, auteur de *Le soldat de marathon annonçant la victoire*.

23. François Rude (1784-1855), sculpteur français, auteur, entre autres, de la statue du maréchal Ney, près de l'Observatoire.

24. Le 17 juin 1778, la frégate anglaise *Arethuse* était défaite par la frégate française *La Belle Poule*.

25. D'après *Choses vues*, Victor Hugo (1900).

26. Ludovico Tullius Joachim Visconti (1791-1853), architecte, élève de Percier.

27. Claude Joseph Rouget de Lisle (1760-1836), officier du génie, il composa le *Chant de guerre pour l'armée du Rhin* (1792) qui devint *La Marseillaise*.

28. René Fonck (1894-1953), premier « as » français de la Première Guerre mondiale (75 victoires homologuées).

29. Charles de Gaulle, *Mémoires de guerre*, Plon.

30. Émile de Girardin (1806-1881), Delphine Gay (1804-1855).

31. Comte de Choiseul-Gouffier (1752-1817), spécialiste d'antiquités, auteur du *Voyage historique en Grèce*. Grand collectionneur, le Louvre a acquis ses collections.

32. Armand Carrel (1800-1836).

33. Léon Blum (1872-1950). Écrivain et homme politique français, président du premier gouvernement du Front populaire.

34. Gaston Calmette (1858-1914), journaliste français, directeur du *Figaro*, tué par Mme Caillaux, à la suite de la campagne menée contre son mari.

35. Léon Bailby (1867-1954) fondateur du quotidien *Le Jour* puis directeur de *Le Jour l'Écho de Paris*.

36. Jean Prouvost (1885-1978), homme d'affaires, directeur de *Paris-Midi* et *Paris-Soir*, puis de *Marie-Claire*, *Paris Match* et *Télé 7 jours*.

37. Marcel Dassault (1892-1986), homme d'affaires et avionneur français a conçu les appareils du type « Mystère », fondateur de *Jours de France*.

38. Paul Morand (1888-1976), *Paris*, Bibliothèque des Arts, 1970.

39. Pierre Manguin (1815-1869), restaura également le château de Pontchartrain pour le compte du marquis de Païva.

40. Le Corbusier (Charles-Édouard Jeanneret dit) architecte, urbaniste, théoricien français d'origine suisse (1887-1965).

41. Alberto Santos-Dumont (1873-1932), il a participé activement à l'essor de l'aérostation et de l'aviation en France.

42. Henri de La Vaulx (1870-1930), fondateur de l'Aéro-club de France.

43. Jean Mermoz (1901-1936), aviateur français, pionnier de la Rio de Janeiro-Santiago du Chili, et de la ligne France-Amérique du Sud.

44. James Gordon Bennett (1841-1918).

45. Léon Serpollet (1858-1907), ingénieur, inventeur de la chaudière à vaporisation instantanée, constructeur du tricycle à vapeur.

46. Édouard Delamare-Deboutteville (1856-1901), réalisateur de la première voiture actionnée par un moteur à explosion (1883).

47. Marquis Albert de Dion (1856-1946), consacra sa vie à la défense de l'automobile et eut l'idée de la première voiture militaire blindée.

48. Robert Mallet-Stevens (1886-1945), architecte et décorateur français. Adepte, avec Le Corbusier et Lurçat, du style dit international.

49. Émile-Jacques Ruhlmann (1879-1933), décorateur français dont l'influence a marqué l'Exposition des arts décoratifs de 1925. Ses intérieurs respirent le luxe et le confort.

50. Raymond Subes (1893-1970), ferronnier d'art.

51. Léon-Paul Fargue (1876-1947), poète français, disciple de Mallarmé, ami de Larbaud, de Gide, de Valéry.

52. Orson Welles disait avoir emprunté le commentaire *off* de *Citizen Kane* au *Roman d'un tricheur* de Sacha Guitry.

53. *Remontons les Champs-Élysées*, le film de Sacha Guitry a été projeté pour la première fois au cinéma Normandie le 1er décembre 1938.

54. Georges Guynemer (1894-1917), officier aviateur français, commandant de la fameuse escadrille des « Cigognes », héros légendaire de l'aviation.

55. Auguste Escoffier (1847-1915) accomplit la plus grande partie de sa carrière de cuisinier en Angleterre, au Savoy et au Carlton. Il est l'auteur de plusieurs livres de cuisine qui font autorité, dont le *Guide culinaire*.

56. Paul Poiret (1879-1944), couturier et décorateur français, a libéré la femme de son corset traditionnel.

57. Pierre Dufau (1908-1985) architecte et urbaniste français, chargé, après la Libération de la reconstruction d'Amiens.

58. Léonard Rosenthal (1875-1955). Dans son *Journal littéraire*, Paul Léautaud signale que Rosenthal est venu, plusieurs fois, en aide à des écrivains nécessiteux.

59. Interdit aux juifs.

60. Léonard Rosenthal, *Quand le bâtiment va*, Payot, 1928.

61. Fulgence Bienvenüe (1852-1936), ingénieur français, surnommé le « père du métro », dirigea les premiers travaux du métro de Paris.

62. Hector Guimard (1867-1942), architecte-décorateur, impose le style Art nouveau dans l'architecture parisienne. Avec ses entrées de métro, il a popularisé le Modern Style.

63. Charles Frédéric Mewes (1858-1914), architecte-décorateur, auteur du Palais des Congrès de l'Exposition universelle de 1900.

64. Pierre Savorgnan de Brazza (1852-1905), explorateur et colonisateur français, d'origine italienne. Il a été commissaire général du gouvernement au Congo français.

65. Henry Van de Velde (1863-1957), peintre, architecte décorateur et théoricien belge. Il prône un art fonctionnel qu'il appliqua dans les plans du fameux musée Kroller-Muller en Hollande.

66. Auguste Perret (1874-1954), et ses frères Gustave (1876-1952) et Claude (1880-1960), architectes français, novateurs dans l'emploi du béton armé dans la construction.

67. Georges de Piedrablanca de Guana, marquis de Cuevas (1885-1961), directeur de ballet et mécène de la danse.

68. Georges Chedanne (1861-1940), architecte, grand prix de Rome.

69. Georges Nagelmackers (1845-1905), ingénieur, fondateur de la Cie internationale de wagons-lits en 1876, président de la Cie internationale des grands hôtels (Constantinople, Pékin, Lisbonne, Le Caire, etc.).

70. Léon Daudet (1868-1942), journaliste et écrivain français. Fondateur avec Charles Maurras de l'Action française en 1907, auteur de nombreux livres, membre de l'Académie Goncourt.

71. Paul-Jean Toulet (1867-1920), écrivain français, auteur de nombreux romans et de recueils de poésie.

72. Margaretha Geertruida Zelle, dite Mata-Hari (1876-1917).

73. André Citroën (1878-1935), ingénieur et industriel français, célèbre constructeur automobile.

74. Dwight David Eisenhower (1890-1969) général et homme politique américain, commandant en chef des forces alliées en Europe, président des États-Unis (1956-1960).

75. Jacques Doucet (1853-1929), couturier et amateur d'art français. Les maisons de couture Paquin et Worth, qui avaient fusionné, ont fermé leurs portes en 1954.

76. Henri Monnier (1799-1877), écrivain et caricaturiste français, auteur de *Les Mœurs administratives*, *Grandeur et décadence de M. Joseph Prudhomme*.

77. Georges Clemenceau (1841-1929), homme politique et médecin, chef du gouvernement pendant la Grande Guerre.

La Maison du Danemark. Rénovée en 2001, elle est l'un des fleurons gastronomiques des Champs-Élysées. Aujourd'hui, elle est dotée d'une salle d'exposition dédiée à la création contemporaine danoise.

La Restauration guidée par la Paix, allégorie monumentale de François Joseph Bosio, couronnant l'Arc de triomphe du Carrousel, remplace un groupe équestre dû à François Frédéric Lémot, auquel Napoléon avait fait atteler les célèbres chevaux de Saint-Marc de Venise, restitués à la Sérénissime en 1815.

BIBLIOGRAPHIE SOMMAIRE

VICTOR HUGO, *Choses vues*, Imprimerie nationale, 1913.

PAUL MORAND de l'Académie française, *Paris*, illustrations et notes de Raymond Charmet, Paris-Lausanne, La Bibliothèque des Arts, 1970.

JEAN DES CARS, *Champs-Élysées, la plus belle avenue du monde*, Média-Planning, 1987.

PIERRE CABANNE, *Paris vous regarde*, Pierre Bordas et Fils, 1988.

MARC GAILLARD, *Les Belles Heures des Champs-Élysées*, Martelle Eitions, 1990.

Sous la direction de Jean-Marie Pérouse de Montclos, *Paris, guide du patrimoine*, Hachette, 1994.

ROLAND POZZO DI BORGO, *Les Champs-Élysées, trois siècles d'histoire*, La Martinière, 1997.

HENRY LOUIS VUITTON, *La Malle aux souvenirs*, Mengès, 1984.

GÉNÉRAL DE GAULLE, *Mémoires de guerre*, Plon.

CREDITS PHOTOGRAPHIQUES